Judeus Heterodoxos

Coleção Estudos
Dirigida por J. Guinsburg

Equipe de realização – Tradução: Marcio Honorio de Godoy; Edição de texto: Jenifer Ianof; Revisão: Iracema A. Oliveira; Sobrecapa: Sergio Kon; Produção: Ricardo W. Neves, Sergio Kon, Raquel Fernandes Abranches e Luiz Henrique Soares.

Michael Löwy

JUDEUS HETERODOXOS
MESSIANISMO, ROMANTISMO, UTOPIA

Título do original francês
Juifs hétérodoxes: Romantisme, messianisme, utopie

© 2010 Éditions de l'Éclat, Paris

CIP-Brasil. Catalogação-na-Fonte
Sindicato Nacional dos Editores de Livros, RJ

L954j

Löwy, Michael, 1938-
  Judeus heterodoxos: messianismo, romantismo, utopia / Michael Löwy; tradução Marcio Honorio de Godoy. – São Paulo: Perspectiva, 2012.
  (Estudos ; 298)

  Tradução de: Juifs hétérodoxes : messianisme, romantisme, utopie
  Apêndice
  ISBN 978-85-273-0951-6

  1. Judeus – Europa Central – Vida intelectual – Séc. XX. 2. Judeus – Assimilação (Sociologia) – Europa Central. I. Título. II. Série.

12-3223. CDD: 305.8924043
          CDU: 316.347(=411.16) (4-191.2)

15.05.12 24.05.12   035597

Direitos reservados em língua portuguesa à
EDITORA PERSPECTIVA S.A.

Av. Brigadeiro Luís Antônio, 3025
01401-000 São Paulo SP Brasil
Telefax: (011) 3885-8388
www.editoraperspectiva.com.br

2012

Sumário

Prefácio IX

1. Notas Sobre os Intelectuais Judeus 1

2. Romantismo e Messianismo no Pensamento Judaico
   da Europa Central no Começo do Século XX. 19

3. Walter Benjamin e Franz Rosenzweig:
   Messianismo Contra Progresso 27
   Romantismo 27
   Benjamin Lê Rosenzweig 31
   Messianismo e Libertação Humana 37
   O Instante Messiânico Contra o "Progresso" 40

4. Hannah Arendt e Walter Benjamin 47

5. Walter Benjamin e Manès Sperber:
   Os Intelectuais Judeus – Alemães e Austríacos –
   e o Percurso em Direção ao Abismo 59

6. Ernst Bloch e Georg Lukács: Um Encontro em
   Heidelberg, em 1910 65

7. Victor Basch e Bernard Lazare: Dois Intelectuais Dreyfusianos..................................77

8. Gustav Landauer, Revolucionário Romântico.......97

9. A Utopia Comunitária de Martin Buber..........111

10. A Utopia Romântica de Walter Benjamin.........125

11. O Messianismo Heterodoxo na Obra de Juventude de Gerschom Scholem.........................141

12. O *Princípio Esperança* de Ernst Bloch Face ao *Princípio Responsabilidade* de Hans Jonas.......157

Apêndice:
Entrevista com Ernst Bloch.........................169
Fontes dos Ensaios................................183

Prefácio

Esta obra é, de certo modo, a continuação das pesquisas que iniciei com a publicação, há muitos anos, do livro *Rédemption et utopie: Le Judaïsme libertaire en Europe centrale*[1] (Redenção e Utopia: O Judaísmo Libertário na Europa Central), que foi traduzido para o português, inglês, alemão, espanhol e grego e, recentemente, foi reeditado pelas Editions du Sandre. Mas, ao passo que aquele livro era uma tentativa de cartografia da cultura judaico-romântica na Europa central, com seus diferentes polos e suas correntes subterrâneas, *Judeus Heterodoxos* é, antes, um laboratório, uma coletânea de trabalhos empreendidos no curso dos últimos vinte anos, um conjunto de *estudos de caso* sem ambição de sistematização. O "terreno" é essencialmente o mesmo: a cultura judaica da *Mitteleuropa* (Europa central) do início do século XX – com uma rara exceção: Bernard Lazare, escritor romântico e libertário francês –, assim como tento captar a abordagem realizada nas *afinidades eletivas* entre romantismo, messianismo e utopia. Contudo, o eixo principal que estrutura as investigações neste livro é a comparação, os

---

[1] Paris: PUF, 1988, nova edição, Paris: Sandre, 2009.(Trad. bras., São Paulo: Companhia das Letras, 1989.)

"pensamentos cruzados" entre dois autores, ao mesmo tempo próximos e separados, convergentes e divergentes, semelhantes, mas, no entanto, irredutivelmente diferentes. Podemos falar, também nesse caso, de afinidades eletivas entre suas obras? Em alguns casos, sem dúvida, contudo essa não é a regra geral.

Apesar de suas diferenças – consideráveis – e dos seus desacordos – evidentes –, a maioria dos autores pertence ao universo cultural do judaísmo romântico, e se interessa, ao menos em certos momentos do seu itinerário intelectual, pelo messianismo judaico e pelas utopias emancipatórias: esse é o caso de Walter Benjamin, Ernst Bloch, Martin Buber, Gustav Landauer, Franz Rosenzweig e Manès Sperber – assim como, com algumas nuances, e de uma maneira mais episódica, Georg Lukács. São eles que constituem o tema principal desta coletânea. Certamente, esses autores já estavam presentes em *Redenção e Utopia*; todavia, trata-se aqui de aprofundar alguns aspectos de suas obras, insuficientemente analisados em meu primeiro trabalho, e de tentar "cruzar" seus pensamentos. Em certos casos, uma comparação entre pensadores judeus oriundos de outros horizontes intelectuais, e que tinham outras posições políticas e filosóficas, revelou-se útil; Victor Basch, Hannah Arendt, Hans Jonas. Algumas dessas personagens foram vítimas da contrarrevolução (Gustav Landauer) ou da peste marrom (Victor Basch, Walter Benjamin); todos conheceram, em diferentes graus, a maldição do antissemitismo, desde o Caso Dreyfus até o Terceiro Reich.

O conceito de *utopia* ocupa um lugar decisivo em muitos dos ensaios deste volume[2]. Na realidade, na cultura romântica, a *Zivilisationskritik* (crítica da civilização) e a utopia são dialeticamente inseparáveis; não se pode criticar, de modo radical, a realidade social existente sem se ter, implícita ou explicitamente, uma *paisagem do desejo* (*Wunschlandschaft*) – a expressão é de Ernst Bloch –, a imagem de uma realidade diferente, isto é, uma *utopia*. E inversamente: não pode existir *utopia* autêntica sem o trabalho da negatividade, sem a "crítica radical de tudo aquilo que existe" (Marx).

Colocamos a condição, é claro, de entender por "utopia" não o que dela é dito no léxico de Bouvard e Pécuchet de nossa

---

[2] Para os conceitos de "romantismo" e "messianismo", ver infra cap 2.

época – "um sonho irrealista", um objetivo impossível –, mas seu sentido originário, a partir do romance de Thomas More: *u-topos*, "nenhum lugar", aquilo que é desejável, porém não existe em parte alguma, ou melhor, diria Bloch, "não ainda". Ou, se quisermos, segundo a definição sociológica de Karl Mannheim: entende-se por utopia, em oposição às ideologias – cuja função é essencialmente conservadora –, todo sistema de representação social que se orienta pela ruptura da ordem estabelecida, exercendo uma função subversiva. Por outro lado, não se compreenderá nada das utopias dos pensadores discutidos neste livro se não nos livrarmos do preconceito – que se tornou um lugar-comum da ideologia bem-pensante – que identifica ou amalgama *utopia* e *totalitarismo*[3].

Se Walter Benjamin surge em muitas dessas confrontações dialéticas, é porque ele encarna, da maneira mais profunda e radical, toda a força subversiva, e também todas as contradições dessa cultura judaica heterodoxa. Isso quer dizer que seu pensamento não tem coerência? O próprio Benjamin gostava de se comparar a um Janus, que tinha uma das faces voltada para Jerusalém – o judaísmo, o messianismo – e a outra para Moscou – o marxismo, a revolução. Essa imagem foi retomada com frequência por seus comentadores, mas para compreendê-la é necessário nos lembrarmos de que o deus romano efetivamente possuía duas faces, mas apenas uma cabeça: o pensamento de Benjamin é um conjunto coerente, em que messianismo e revolução estão inseparavelmente ligados, em uma relação de *correspondência* no sentido baudelairiano[4]. Dito isso, se quatro dos ensaios aqui reunidos são dedicados, de um modo ou de outro, a Benjamin – sem falar de suas aparições intempestivas em alguns outros textos (por exemplo, sobre Scholem) – isso se deve, confessamos, a uma razão eminentemente subjetiva: a fascinação irresistível que exerce, sobre o autor dessas linhas, a obra enigmática e profética – no

---

3 Miguel Abensour desmistifica, em seu belo livro *Le Procès des maîtres rêveurs*, o conformismo "daqueles que tentam acertar suas contas com a utopia, imaginando pagar seu bilhete de entrada na sociedade atual". Cf. Arles: Sulliver, 2000.
4 Trato desse tema em minha obra *Walter Benjamin: Avertissement d'incendie. Une lecture des thèses "Sur le concept d'histoire"*, Paris: PUF, 2001.

sentido potente, veterotestamentário, da palavra – do prisioneiro de Port-Bou[5].

Se demos o título *Judeus Heterodoxos* a esse conjunto de ensaios, é para pôr em evidência a dissidência, a desconfiança e a própria ruptura deles com as duas ortodoxias dominantes no judaísmo europeu: de um lado, a ortodoxia religiosa, fundada com base no *temor a Deus* – os religiosos ortodoxos se definem como *haredim*, "*temente a Deus*" –, na estrita obediência às leis, aos interditos e às regras tradicionais, no estudo como repetição e memorização das escrituras. Mas também [rompe-se] com outra ortodoxia não menos coerciva: a do judaísmo liberal, assimilado, burguês, daqueles que Hannah Arendt designava como *parvenus* (novo-rico). Essa ruptura levou alguns ao sionismo – em suas formas não estatais –, outros ao marxismo e muitos ao anarquismo[6], porém eles eram heterodoxos também nesse terreno, escapando às certezas doutrinárias e às disciplinas políticas desses movimentos: eles foram sionistas, marxistas ou libertários, notoriamente heréticos. Apesar de suas diferenças e contradições, a maioria compartilha uma sensibilidade romântica, rebelde, não conformista, que se refere às fontes judaicas com uma enorme liberdade, escolhendo, no tesouro da espiritualidade hebraica – ou hassídica –, os elementos que lhes servem para formular um discurso messiânico e utópico radical. À uniformidade e ao conformismo da ortodoxia, corresponde uma diversidade, uma variedade de dissidências heterodoxas; entretanto, essa diversidade faz surgir uma *constelação* cultural e política, cuja luz é a de *outro judaísmo*, à margem das veredas percorridas, das instituições oficiais, das formas de pensamento e da crença dominantes.

Podemos, então, explicar o pensamento desses "judeus heterodoxos" por meio da *influência* do romantismo alemão, do messianismo judaico e das utopias emancipatórias modernas? De

---

5   Port-Bou, como se sabe, é a aldeia espanhola onde Walter Benjamin, retido pela polícia franquista e ameaçado de ser entregue para a Gestapo, preferiu, em agosto de 1940, pôr fim aos seus dias. O profeta do Antigo Testamento não é, como o oráculo grego, aquele que prevê futuro inevitável, mas é o que previne o povo das catástrofes que acontecerão, *a menos que* se aja de outra forma, segundo as exigências éticas da *Torá*.
6   Ver o livro coletivo, sob a direção de Amadeo Bertolo, *Juifs et anarchistes*, Paris: Editions de l'Eclat, 2007. (Col. Bibliothèque des fondations)

fato, a influência não explica nada: ela requer ser explicada. Como escreve outro "judeu heterodoxo", o sociólogo romeno, Lucien Goldmann, em uma passagem capital do seu livro *Les Sciences humaines et la philosophie* (As Ciências Humanas e a Filosofia):

> Todo escritor ou pensador encontra em torno de si um grande número de obras literárias, morais, religiosas, filosóficas etc., que constituem tantas influências possíveis entre as quais deverá necessariamente escolher. O problema que se coloca ao historiador não se limita nem um pouco em se saber se Kant sofreu influência de Hume, Pascal de Montaigne, Voltaire de Locke etc.; é preciso explicar *por que* eles sofreram precisamente essa influência e não outra, e por que *nesta época* determinada da história. "A influência" é então, em última análise, uma *escolha*, uma atividade do sujeito individual e social, e não uma recepção passiva. Esta atividade se manifesta também pelas transformações/deformações/metamorfoses às quais o criador submete o pensamento no qual se reconhece e que o influencia: quando falamos, por exemplo, da influência de Aristóteles sobre o tomismo, não se trata exatamente daquilo que Aristóteles realmente pensou e escreveu, mas de Aristóteles tal como foi eleito e compreendido por santo Tomás[7].

Isso se aplica inteiramente à relação de nossos pensadores com suas diferentes "fontes": trata-se de uma escolha, de uma apropriação, de uma interpretação, em um determinado contexto histórico. Em um dado momento do seu percurso espiritual, intelectual e político, Walter Benjamin, por exemplo, precisou de certos argumentos que encontrou em Franz Rosenzweig – ou no historiador romântico da cabala, Franz Joseph Molitor, ou no anarcossindicalista Goerges Sorel, ou no marxista dissidente Karl Korsch – e que integrou, reinterpretando-os, ao seu sistema de pensamento. É igualmente o caso, *mutatis mutandis*, da "influência" recíproca de dois amigos, tão próximos e tão distantes, como foram Walter Benjamin e Gershom Scholem.

Permitam, por fim, ao autor deste livro, uma nota pessoal. Tive a chance de conhecer pessoalmente dois dos autores discutidos nesta coletânea: Gershom Scholem e Ernst Bloch. Meu encontro com o primeiro, em sua casa em Rehavia, Jerusalém, foi simplesmente uma troca de ideias sobre minha pesquisa em

---

[7] Paris: Gonthier, 1966, p. 97-98.

curso – em sua primeira forma, a de um artigo intitulado "Messianisme juif et utopies libertaires en Europe Centrale (1905-1923)"[8] (Messianismo Judaico e Utopias Libertárias na Europa Central [1905-1923]) Durante essa entrevista, tomei notas que me foram preciosas para a continuação do meu trabalho sobre o judaísmo libertário na Europa central. No decorrer de nossa conversa, Scholem reconhecia seu interesse pelo romantismo alemão, mas insistia bastante no fato de que suas fontes eram essencialmente judaicas e hebraicas. Em um dos ensaios deste volume, tentei apreender a dialética complexa e as tensões entre esses dois componentes em seus escritos de juventude. Devo dizer que minha leitura do messianismo judeu e de Walter Benjamin deve bastante aos escritos de Scholem e do seu amigo, o saudoso Stéphane Mosès.

Cinco anos mais tarde, no decorrer da minha tese de doutorado sobre o jovem Lukács, desejava entrevistar Ernst Bloch para saber de suas relações com aquele, assim como para conhecer sua própria evolução político-religiosa. Esse encontro substancial pôde ser registrado, e foi publicado em anexo à minha tese editada em 1976, pela Presses Universitaires de France, sob o título, um pouco desajeitado, *Pour une sociologie des intellectuels révolutionnaires: L'Evolution politique de György Lukács 1909-1929* (Por uma Sociologia dos Intelectuais Revolucionários: A Evolução Política de Georg Lukács 1909-1929). O encontro foi realizado na casa de Bloch, em Tübingen, em companhia de sua esposa Karola, que servia, de maneira episódica, de intérprete (meu alemão deixava um pouco a desejar). Já cego, porém de uma lucidez e uma memória impressionantes, Ernst Bloch abriu para mim algumas janelas mágicas, não apenas sobre sua obra, mas sobre toda a sua geração. Minha tese está esgotada há muito tempo, e decidimos publicar novamente esse documento nesta coletânea.

Em se tratando essencialmente de artigos antes editados em diferentes revistas, eles apresentam, algumas vezes, apesar das revisões operadas na ocasião desta publicação, repetições que não pudemos eliminar por inteiro. O leitor consentirá em nos desculpar.

---

[8] Cf. *Archives des Sciences des Religions*, n. 51/1, 1981.

1. Notas Sobre os Intelectuais Judeus

O que é um intelectual? Múltiplas abordagens e definições são possíveis. Em meus trabalhos, parto da hipótese de que os intelectuais não são uma classe – isto é, uma camada social definida pela sua posição no processo de produção –, mas uma *categoria social*, isso quer dizer, um grupo de indivíduos definido por critérios extraeconômicos. Concretamente, os intelectuais são uma categoria social composta de indivíduos *produtores de bens culturais ou simbólicos* – em contraposição aos simples consumidores, distribuidores ou gestores desses bens. Esse critério é bastante amplo, porém é suficiente para distinguir os *criadores* de objetos simbólicos, que são os intelectuais em sentido estrito – sejam eles escritores, artistas, poetas, filósofos, eruditos, pesquisadores, publicistas, teólogos, certos tipos de jornalistas, de professores e de estudantes –, de uma massa mais ampla de "trabalhadores intelectuais" – por oposição aos "trabalhadores manuais" –, que inclui as profissões liberais, os assalariados e uma grande parte do pessoal da educação e das mídias.

Como categoria social afastada dos processos de produção material, os intelectuais gozam de certa autonomia em relação às classes sociais, que se manifesta por flutuações e movimentos diversos. Daí o conceito de *freischwebende Intelligenz* – termo usualmente traduzido por "intelectuais sem amarras", mas cujo sentido literal é "*intelligentsia* livremente flutuante" – elaborado por Alfred Weber e Karl Mannheim[1].

Essa situação de "livre flutuação", de estar "sem amarras", de "desarraigamento", que caracteriza o intelectual em geral, vale tanto mais para o intelectual judeu do século XX, frequentemente nômade, exilado, reduzido a uma situação marginal, instável ou precária.

O conceito de "intelectual judeu" implica, em si mesmo, uma dimensão comparativa, visto que a situação das comunidades judaicas e as correntes culturais e políticas que as atravessam são bem diferentes, conforme os países ou os ares geográfico-culturais em que se encontram.

Minha pesquisa concerne ao engajamento social e político dos intelectuais judeus da Europa central – em particular daqueles de sensibilidade utópico-romântica – no curso da primeira metade do século XX, ou seja, antes de Auschwitz. A partir desse dossiê concreto, podemos esboçar, ao menos a título de hipótese, algumas proposições comparativas entre os intelectuais judeus da Europa ocidental e oriental – assim como os dos EUA – e os intelectuais não judeus da Europa central.

O método utilizado combina a sociologia da cultura com a história social dos intelectuais: trata-se de situar as diferentes obras culturais produzidas por intelectuais judeus em seu contexto histórico e social concreto.

A matéria "intelectuais judeus na Europa central" é um imenso laboratório, mas muito pouco estudada como tal. Raros são os trabalhos que se colocam a questão da unidade da *Mitteleuropa*, para além das histórias nacionais. A Europa central constitui uma unidade geográfica e, sobretudo, cultural. Os intelectuais judeus dessa região escrevem em alemão, quer em Berlim, Viena, Praga ou Budapeste, e até mesmo na Galícia. O universo cultural judeu da Alemanha, e do antigo império austro-húngaro, persiste ainda nos anos que se sucedem à Primeira Guerra Mundial. Os judeus formam um conjunto assaz homogêneo e uma unidade que é a da cultura alemã. Existe,

---

[1] Para uma discussão mais aprofundada dessas questões, remeto à minha obra *Pour une sociologie des intellectuels révolutionnaires*, Paris: PUF, 1976.

ao lado da *Idischland* (terra do ídiche) – a Polônia e a Rússia, onde a língua judaica dominante é o ídiche –, um *Deutsch--Jüdischland*: a Europa central.

Não há – que eu saiba – obra de conjunto sobre os intelectuais judeus da Europa central, apesar da unidade cultural da região. A maior parte dos trabalhos se situa ao nível de diferentes países: Alemanha, Áustria, Hungria, Tchecoslováquia, ou de diferentes cidades: Viena, Praga, Berlim. Não se encontram, como para o *Idischland*, tentativas de síntese.

Existe um certo número de trabalhos sobre os intelectuais judeus austríacos, mas trata-se, frequentemente, de capítulos sobre Freud ou Herzl. Podemos destacar, entretanto, a obra de Martha Rozenblit, *The Jews of Vienna 1867-1914. Assimilation and Identity*[2] (Os Judeus de Viena 1867-1914: Assimilação e Identidade), e outra, mais recente, de Robert Wistrich, *The Jews of Vienna in the Age of Franz Joseph*[3] (Os Judeus de Viena na Época de Franz Joseph), mesmo que elas não possuam por único objeto de estudo a vida intelectual. Também é verdade que os intelectuais judeus ocupam um lugar de destaque nos livros consagrados à cultura vienense moderna, como *Vienne 1900*[4], de Michael Pollak, ou *Modernité viennoise et crises de l'identité*[5] (Modernidade Vienense e Crises da Identidade), de Jacques Le Rider – sem falar do célebre *Vienne, fin de siècle. Politique et Culture*[6] (Viena, Fim de Século: Política e Cultura), de Carl Schorske.

Os trabalhos sobre a cultura judaica na Hungria são raros: podemos mencionar o livro de William O. Mc Cagg Jr., *Jewish Nobles and Geniuses in Modern Hungary*[7] (Judeus Nobres e Gênios na Hungria Moderna), ou o artigo de Victor Karady e Istvan Kemény nas *Actes de la Recherche em sciences sociales* (Atas da Pesquisa em Ciências Sociais), de junho de 1978. Quanto à Tchecoslováquia, trata-se de subprodutos de trabalhos sobre Kafka ou Praga. Seria demasiado extenso citar aqui todas as biografias ou ensaios sobre Kafka que possuem capítulos –

2   New York: Suny Press, 1983.
3   Oxford: Oxford University Press, 1989.
4   Paris: Gallimard, 1984.
5   Paris: PUF, 1990.
6   Paris: Le Seuil, 1983.
7   New York: Boulder, 1972.

frequentemente interessantes – sobre a cultura e os intelectuais judeus em Praga.

No que diz respeito aos livros acerca dos intelectuais judeus alemães, a maioria deles se ocupa em situar o lugar dos judeus na cultura e literatura alemãs. Em um nível mais geral podemos ver, por exemplo, o monumental (1050 páginas) volume organizado por S. Katznelson, *Juden in Deutschen Kulturbereich*[8] (Judeus na Cultura Alemã), ou aquele, mais modesto, dirigido por Thilo Koch, *Porträts zur deutsch-jüdischen Geistesgeschichte*[9] (Retratos de Judeus Alemães: História Intelectual). Com relação à literatura propriamente dita, um dos mais antigos é o "clássico", dirigido por G. Krojanker, *Juden in der deutschen Literatur*[10] (O Judeu na Literatura Alemã), que traz ilustres colaboradores, tais como Max Brod, Martin Buber ou Arnold Zweig. Mais recentemente encontramos outras coletâneas, como a de G. Grimm e H. Bauerdörfer, *Im Zeichen Hiobs. Jüdische Schriftsteller im 20 Jahrhundert*[11] (A Marca de Jó: Escritores Judeus no Século 20), ou a de Stéphane Mosès e Albrecht Schöne, *Juden in der deutschen Literatur*[12] (O Judeu na Literatura Alemã). Podemos mencionar também, em outro domínio, a coletânea do Instituto de Tel-Aviv, de 1986, *Juden in der deutschen Wissenschaft* (O Judeu na Ciência Alemã), e a organizada por Herbert A. Strauss e Christhard Hoffmann, *Juden und Judentum in der Literatur*[13] (Judeus e Judaísmo na Literatura), que apresenta, ao mesmo tempo, escritores judeus e a imagem do judeu na literatura alemã.

Descobrimos muitas obras que se interessam por um grupo particular de intelectuais judeus de cultura alemã: por exemplo, o livro de Hans Liebeschütz, *Von Georg Simmel zu Franz Rosenzweig*[14] (De Georg Simmel a Franz Rosenzweig), ou o de Frederic Grunefeld, *Prophets without Honor. A Background to Freud, Kafka, Einstein and their World*[15] (Profetas sem Honra:

8   Berlin: Jüdischer Verlag, 1959.
9   Köln: Schlanberg, 1961.
10 Berlin: Welt Verlag, 1922.
11 Königstein: Athenäum, 1985.
12 Frankfurt: Suhrkamp, 1986.
13 München: Deutscher Taschenbuchverlag, 1985.
14 Tübingen: Leo Baeck Institute, 1970.
15 New York: Mac Graw Hill, 1980.

Uma Origem para Freud, Kafka, Einstein e Seu Mundo), que contém apreciações interessantes sobre o conflito de gerações entre pais (banqueiros ou fabricantes) e filhos (artistas e intelectuais). A obra mais importante nessa categoria é a de Stéphane Mosès, *L'Ange de l'histoire. Rosenzweig, Benjamin, Scholem*[16] (O Anjo da História: Rosenzweig, Benjamin, Scholem), um estudo brilhante acerca da nova concepção da história – em ruptura com o hegelianismo, o historicismo e o "progressismo" – esboçada na obra desses três grandes pensadores judeus alemães. Pode-se mencionar, ainda, mesmo que não possua interesse exclusivo por intelectuais, a obra de Michael Brenner, *The Renassaince of Jewish Culture in Weimar Germany*[17] (O Renascimento da Cultura Judaica na Alemanha de Weimar).

A última categoria é aquela – pouco numerosa – dos livros que se referem explicitamente ao conceito de *intelectual judeu alemão*: por exemplo, a obra de Georg L. Mosse, *Jüdische Intellektuelle in Deutschland*[18] (Intelectuais Judeus na Alemanha); ou ainda o livro preparado por Jost Hermand e Gert Mattenklot, *Jüdische Intelligenz in Deutschland*[19] (*Intelligentsia* Judaica na Alemanha); e a notável coletânea de ensaios de Paul Mendes-Flohr, *Divided Passions. Jewish Intellectuals and the Experience of Modernity*[20] (Paixões Divididas: Intelectuais Judeus e a Experiência da Modernidade).

Da metade do século XIX até os anos de 1930, constata-se um desabrochar extraordinário dessa cultura judaica de língua alemã, em todos os campos do pensamento. O judaísmo centro-europeu deu ao mundo Henrich Heine e Karl Marx, Sigmund Freud e Albert Einstein, Franz Kafka e Stefan Zweig, Georg Lukács e Ernst Bloch, Theodor Adorno e Walter Benjamin. A única comparação a essa época que vem ao espírito é a "idade de ouro" da cultura judaica na Espanha moura da Idade Média. Essa cultura judaico-alemã será destruída ou dispersada pelo nazismo, mas sua irradiação continuará a se exercer

---

16 Paris: Seuil, 1992; reed. Paris: Gallimard, "Folio Essais", 2006.
17 New Haven: Yale University Press, 1996.
18 Frankfurt: Campus, 1992.
19 Hamburg: Argument, 1988.
20 Detroit: Wayne State University Press, 1991.

durante muito tempo: toda a cultura do século XX será marcada por ela. Essa expansão ultrapassa, ainda, a área geográfica europeia, visto que se estende, por causa do exílio da época fascista, até os Estados Unidos: basta mencionar os nomes de Herbert Marcuse, Erich Fromm, ou do próprio Einstein.

Podemos falar, a respeito dessa curta "idade de ouro" (1830-1933), da ocorrência de uma verdadeira "simbiose judaico-alemã"? O tema é eminentemente controverso: trata-se de se saber se a cultura alemã integrou as contribuições dos intelectuais judeus, e a resposta será bem negativa (salvo por uma minoria esclarecida e progressista); em contrapartida, a cultura judaica realmente assimilou as principais tendências da cultura germânica, do *Aufklärung* (Iluminismo) ao romantismo.

Segundo George L. Mosse, em seu livro bastante conhecido sobre os intelectuais judeus na Alemanha[21], o diálogo judio-alemão aconteceu de fato: é preciso ler a história do judaísmo alemão do ponto de vista da origem – a emancipação dos judeus no começo do século XIX –, e não a partir do fim: o genocídio. Trata-se de se escapar, dessa forma, de uma falha teleológica, que consiste em procurar exclusivamente as premissas da catástrofe. Sua segunda tese central é a de que o conjunto da cultura judaico-alemã – quaisquer que sejam as diferenças entre um Stefan Zweig e um Martin Buber, um Ernst Cassirer e um Ernst Bloch – emerge de uma matriz comum: o pensamento humanista liberal, racionalista e progressista das Luzes, do *Nathan le Sage* (Natan, o Sábio), de Lessing; do ideal de emancipação e de *Bildung* (formação), comum aos judeus e aos alemães esclarecidos. Apenas personagens excepcionais, como Jakob Wassermann, pessimista e irracionalista, ou os bolcheviques judeus, como Eugen Levine, fugiriam dessa matriz comum.

O argumento de Mosse possui nuances e é inteligente, mas me parece que sua interpretação idealiza sobremaneira o diálogo judeu-alemão: raros eram os pensadores alemães que, como Lessing, se interessavam pelo judaísmo; por outro lado, ele subestima a ruptura entre os românticos e os *Aufklärer* (iluministas) no seio da *intelligentsia* judaica alemã. Retornaremos a essa última questão.

21 *Judische Intellektuelle in Deutschland. Zwischen Religion und Nationalismus*, Frankfurt: Campus Verlag, 1992. (A edição original, americana, data de 1985.)

Para compreender essa irrupção dos judeus na vida cultural da Europa central, é necessário levar em conta o impulso, a partir do fim do século XIX, pela primeira vez em uma escala massiva, dos intelectuais judeus como categoria social. Podemos encontrar intelectuais judeus eminentes da cultura alemã desde o século XVIII – Moisés Mendelsohn! –, mas é em torno do século XX que se observa um fenômeno de massa. Não se trata de alguns indivíduos isolados, porém de um *fenômeno social*, que resulta do fato de os pais judeus terem decidido enviar seus filhos à universidade – lugar de prestígio, de reconhecimento social e de honorabilidade.

Sua situação social é diferente daquela dos intelectuais judeus da Europa ocidental e oriental. No Ocidente (França, Inglaterra), o intelectual judeu é – ao menos em aparência: ver o caso Dreyfus! – integrado à sociedade burguesa, enquanto no Oriente (Rússia, Polônia) ele se sente excluído, reduzido à condição de pária social. Na Europa central, a situação é intermediária, existe um sentimento de semiexclusão, o intelectual se considera como um tipo de "semipária". Essa semi-integração explica por que a identidade judaica na Europa central tende a ser cultural e confessional, muito mais que nacional.

Diversas tipologias são possíveis. A de Hannah Arendt, célebre com razão, distingue – a partir de intuições fulgurantes do socialista libertário judeu Bernard Lazare – os intelectuais judeus párias, portadores de uma consciência crítica, do judeu *parvenu*, que nega sua identidade e se adapta às forças dominantes da sociedade[22].

Enzo Traverso retoma, do seu ponto de vista, em seu notável ensaio sobre os judeus e a Alemanha, essas duas figuras típicas-ideais construídas por Hannah Arendt. Por um lado, a linhagem dos "parvenus": judeus enriquecidos, conformistas e apaixonados pela "respeitabilidade" – de Bleichröder, o banqueiro de Bismarck, até os Rothschild, passando por Walter Rathenau; de outro, a "tradição escondida" dos párias, excluídos e perseguidos que se revoltam contra a sociedade burguesa:

---

22 Ver a coletânea de ensaios, *The Jew as Pariah. Jewish Identity and Politics in the Modern Age*, New York: Grove Press, 1978 (*La Tradition cachée, le Juif comme paria*, textos traduzidos do alemão e do inglês por Sylvie Courtine-Denamy, Paris: Christian Bourgois, 1987).

Heinrich Heine, Franz Kafka, Rosa Luxemburgo – assim como, em outro contexto, Joseph Roth.

Enzo Traverso formula, no entanto, uma objeção muito grande ao conceito de pária tal como o apresenta Hannah Arendt: por sua abordagem quase exclusivamente política, ela subestima a dimensão *social* da exclusão – aquela que produz a aliança do judaísmo pária com o movimento operário e socialista. Com efeito, como explicar a presença judaica – impressionante tanto do ponto de vista quantitativo como qualitativo – no seio de todos os movimentos revolucionários que agitaram a Europa central e oriental durante a primeira metade do século, sem ver aqui ao mesmo tempo a expressão da revolta do pária e da sua recusa em se tornar um *parvenu*?[23]

Quanto aos historiadores sionistas, eles distinguem, sobretudo, os intelectuais assimilacionistas daqueles que portam a reivindicação nacional. Enfim, encontramos muitos trabalhos que se referem à tipologia política tradicional (esquerda contra direita) no estudo de tendências, no âmago da comunidade judaica na Alemanha[24].

Proponho, em minha obra sobre a cultura judaica na Europa central[25], uma tipologia de um tipo diferente, que atravessa as categorias políticas:

1. Os *intelectuais Aufklärer*, partidários da modernidade ocidental e do racionalismo – sejam eles liberais, social-democratas ou marxistas: Hermann Cohen, Eduard Bernstein, Paul Singer, Max Adler, Otto Bauer, Paul Levi, Paul Frölich são ilustres exemplos.

2. Os *românticos*, que partilham uma visão crítica da *Zivilisation* industrial/capitalista, responsável pelo desencantamento do mundo, e uma nostalgia de certos aspectos do passado pré-moderno. Esses podem ser tanto conservadores como revolucionários, sionistas ou anarquistas, estetas ou utopistas. Entre os conservadores, alguns são atraídos pelo nacionalismo ou pelas

---

23 Enzo Traverso, *Les Juifs et l'Allemagne. De la "symbiose judéo-allemande" a la mémoire d'Auschwitz*, Paris: La Découverte, 1993.
24 Ver, por exemplo, George L. Mosse, *Germans and Jews. The Right, the Left and the Search for a "Third Froce" in Pre-Nazi Germany*, Detroit: Wayne State University, 1987.
25 *Rédemption et utopie. Le judaïsme en Europe centrale*, Paris: PUF, 1988.

tradições germânicas: Rudolf Borchardt, Friedrich Gundolf, Karl Wolfskehl. Mas a maioria se volta para suas raízes judaicas e manifesta um interesse renovado pelos aspectos "românticos" da tradição religiosa judaica: profetismo, messianismo, cabala, hassidismo. Martin Buber, Gustav Landauer, Ernst Bloch, Erich Fromm e Walter Benjamin são eminentes representantes dessa sensibilidade cultural. Em outros termos: os intelectuais judeus da Europa central são atraídos pelos dois principais polos da vida cultural alemã, que podem ser representados por duas célebres personagens de *A Montanha Mágica*, de Thomas Mann: "Settembrini", o filantropo liberal, democrata e republicano – em parte inspirado no próprio irmão do autor, Heinrich Mann – e "Naphta", o romântico conservador/revolucionário, provavelmente inspirado em Georg Lukács e em outros.

Se compararmos os intelectuais judeus da cultura alemã com os da Europa oriental, somos surpreendidos por três diferenças essenciais:

1. Existe no Leste toda uma literatura, em língua ídiche, profundamente enraizada na vida do *Schtetl* (a aldeia judia) e na cultura das comunidades judaicas. Autores como Mendel Moicher-Sforim, Scholem Aleikhem, David Bergelson, I. L. Peretz, Moische Kulbak, Sch. Anski, Scholem Asch – e mais tarde, Isaac Bashevis Singer – foram criados em um universo literário ao mesmo tempo autenticamente judeu e de alcance universal, que não tem equivalente na Europa central (ou ocidental). Escritores de cultura alemã como Jakob Wassermann, Arnold Zweig ou mesmo Kafka podem ser fascinados por esse universo, e sua literatura não deixa de pertencer a todo outro contexto cultural.

2. A participação intelectual dos judeus em movimentos revolucionários é muito mais importante na Europa do leste – isto é, na *Yiddishland*, que se estende por todo espaço do antigo império tsarista – que na Europa central: a maioria dos intelectuais e dirigentes de grupos marxistas (em suas diversas facções) ou anarquistas são de origem judaica.

Os mais conhecidos são apenas a ponta visível do iceberg: Lev D. Trótski (Bronstein), Julius Martov (Tzederbaum), Raphael Abramovich, Lev Deutsch, Pavel Axelrod,

Mark Líber (Goldman), Fiodor Dan (Gurvitch), Lev Kamenev (Rosenfeld), Karl Radek (Sobelsohn), Gregory Zinoviev (Radomilsky), Jakov Sverdlov, David Riazanov (Goldendach), Maxim Litvinov (Wallach), Adolphe Joffé, Michael Borodine (Grusenberg), Adolf Warszawski, Isaac Deutscher etc. Sem falar das organizações socialistas especificamente judaicas como o *Bund* ou os sionistas de esquerda. E sem falar, ainda, dos intelectuais judeus originários do Leste que participaram do movimento operário na Alemanha: Rosa Luxemburgo, Leo Jogisches, Parvus (Israel Helphand), Arkadi Maslow (Isaac Tchereminski), August Kleine (Samuel Heifiz), e muitos outros.

Isso se explica, em todo caso, em parte pela força e violência do antissemitismo, pelo grau qualitativamente superior de opressão e de pobreza das comunidades judaicas, em suma, pela *condição pária* dos judeus do Leste, adubo favorável à revolta (ou ao separatismo) – assim como, é lógico, pela existência de uma importante classe operária judaica, que representa um papel pioneiro na organização do movimento operário no império tsarista.

3. Esses intelectuais revolucionários ou críticos, sejam eles internacionalistas ou nacionalistas, sejam marxistas ou sionistas, têm em comum a recusa à religião. A corrente romântica, tentada pelo "reencantamento do mundo", é praticamente ausente. Sua visão de mundo é sempre racionalista, ateia, secular, *Aufklärer*, materialista. A tradição religiosa judaica, a mística da cabala, o hassidismo, o messianismo, não interessam a eles: aos seus olhos, essas coisas não são mais que sobrevivências obscurantistas do passado, de ideologias reacionárias e medievais, das quais é necessário se livrar o mais depressa possível em benefício da ciência, das Luzes e do progresso.

Quando um autor ídiche de tendência progressista como Moische Kulbak escreve, em seu romance *Lundi* (Segunda-Feira) – com uma mescla de atração e de repulsa –, sobre o messianismo, é sobretudo para mostrar o triste papel de falsos messias como Jakob Frank, que arrastaram seus discípulos à catástrofe[26].

26 Cf. a introdução de Rachel Ertel ao romance *Lundi*, Lausanne: L'Âge d'Homme, 1982. Essa atitude é encontrada novamente, mais tarde, no romance de Isaac

Isso é resultado, provavelmente, do caráter antirreligioso da *Haskala* – o movimento judeu das Luzes – na Europa do leste e da ausência de uma reforma religiosa do tradicionalismo, como aquela que teve lugar na Alemanha. As exceções são bem raras. Podemos mencionar Nakhman Sirkin (1868-1924), figura inclassificável, socialista e sionista, marxista e populista, idichista e hebraísta, que considerava tanto o socialismo quanto o sionismo como versões renovadas do messianismo judeu. Há também o caso de Nikolai Maximovski, socialista religioso, membro da associação filosófico-religiosa de Petrogrado e da revista socialista *Novaja Zizn* (Nova Vida) publicada por Górki. Mas trata-se de um convertido ao cristianismo ortodoxo – ele mudará seu nome para N. M. Minski –, que não possui praticamente nenhuma ligação com o judaísmo[27].

Se estendermos a comparação à Europa ocidental – particularmente a França –, as diferenças são ainda mais impressionantes:

1. Muito mais integrados, os intelectuais judeus ocidentais raramente são revolucionários (salvo aqueles de imigração mais ou menos recente). Eles aderem, na maioria das vezes, à cultura dominante, liberal e (no caso francês) republicana. Isso é resultado, sem dúvida, das grandes revoluções burguesas nesses países – Holanda, Inglaterra, França – onde os judeus se emanciparam e onde foi permitida a inserção econômica, social e política deles na sociedade. As erupções de antissemistismo (caso Dreyfus) são consideradas, pelos judeus ocidentais, sobrevivências do passado, e, em última análise, estão condenadas ao fracasso.

Encontramos, sem dúvida, intelectuais judeus socialistas na Europa ocidental, com maior evidência na França. Geralmente,

---

Bashevis Singer, *Satan in Goray* (1958; trad. bras., *Satã em Gorai*, São Paulo: Prespectiva, 1992). Sobre o *Idishland*, pode-se consultar com proveito o belo livro de Rachel Ertel, *Le Shtetl. La Bourgade juive de Pologne, de la tradition à la modernité*, Paris: Payot, 1982, assim como a obra de Henri Minczeles, *Histoire générale du Bund, um mouvement révolutionnaire juif*, Paris, Austral, 1995.

27 Ver, sobre esse tema, a apaixonante obra de Jutta Scherrer, *Die Petersburger Religiös-Philosophischen Vereiningungen*, Wiesbaden: Otto Hannassowitiz, 1973, p. 44 e 272.

são socialistas moderados, democratas sociais, defensores dos direitos do homem, homens de razão e de medida, como Léon Blum ou Victor Basch.

2. A reivindicação identitária judaica, seja ela cultural, nacional ou religiosa, é bem mais fraca na Europa ocidental – salvo entre os imigrados recentes – que na Europa central ou oriental. O longo período de assimilação é pouco favorável ao sionismo ou à renovação religiosa.

3. Sua fidelidade ao universo liberal/racionalista, à Revolução Francesa, ou às Luzes torna os intelectuais judeus ocidentais pouco acessíveis às sereias do romantismo e, em particular, à sua variante utópica/revolucionária.

Bernard Lazare (1865-1903) é uma das raras exceções. Escritor simbolista que tem proximidades com o anarquismo, fascinado pelo "menosprezo do mundo moderno" de um Villiers de l'Isle-Adam*, admirador de Georges Sorel, Lazare se considerava um "israelita francês" que não tinha nada em comum com as "hordas" de judeus asquenazim. É o caso Dreyfus – no qual ele representará um papel importante, redigindo a primeira brochura em defesa do capitão – que irá perturbar suas ideias. Ele descobre o judaísmo como nacionalidade e se aproxima do sionismo – rompe, abruptamente, pouco depois, com Theodor Herzl, o qual trata como "burguês" – sem renegar, nem por isso, suas convicções libertárias. Seu último texto, *Le Fumier de Job*, redigido pouco antes da sua morte – publicado apenas em 1928 –, esboça a célebre distinção entre o judeu pária, vítima de todas as perseguições, e o judeu "parvenu", rico e assimilado, que será, em seguida, retomado segundo o ponto de vista de Hannah Arendt.

Uma palavra sobre a comparação entre intelectuais judeus da cultura alemã e seus confrades *não judeus* da mesma área geográfico-cultural: a *Mitteleuropa*. Do ponto de vista do movimento *Aufklärer* – quer ele seja liberal, social-democrata, ou comunista – há pouca diferença, na medida em que judeus

---

* Auguste Villiers de L'Isle-Adam (1838-1889) foi um escritor francês, cuja obra, que envolve poesia, teatro e narrativa, é orientada, em grande parte, pelo simbolismo. Dotado de um vigoroso poder expressivo, é capaz de conferir a suas obras um estilo de tortura, ao mesmo tempo violento e profundamente lírico (N. da T.).

e não judeus invocam as mesmas ideias e valores universais. Poucas coisas distinguem, para dar um exemplo, o estilo de pensamento e o socialismo de um Karl Kautsky (não judeu) daquele de um Otto Bauer (judeu). Isso não se dará da mesma forma na sensibilidade romântica, em que são valorizadas as identidades nacionais ou religiosas particulares.

Observa-se aqui uma polarização notável: a grande maioria dos intelectuais alemães não judeus de vocação romântica, do fim do século XIX a 1933, se situa no campo conservador, elitista/aristocrático e nacionalista – por vezes também xenófobo e antissemita: o círculo Stefan George ou a corrente do *Kuturpessimismus* (Cultura do Pessimismo) (Moeller van der Bruck, Oswald Spengler, Julius Langbehn, Paul de Lagarde) ilustram essa tendência. Ao contrário, a esmagadora maioria dos intelectuais românticos de orientação utópico-revolucionária é, na Europa central, de judeus: além dos cinco nomes mencionados acima, podemos citar Ernst Toller, o jovem Lukács, o jovem Leo Löwenthal, Hans Kohn, Manès Sperber e muitos outros. Essa diferença é resultado, uma vez mais, da condição de "semipária" dos intelectuais judeus da Europa central – mas também de aspectos messiânicos da cultura judaica, que favoreceram uma relação de afinidade eletiva, a adesão às utopias.

Encontramos, é verdade, alguns intelectuais românticos alemães "gentios" que se situam à esquerda: Thomas Mann, depois da Primeira Guerra Mundial, é o melhor exemplo. Mas sua relação com o romantismo – a partir dos anos de 1920, isto é, de sua adesão à democracia – é ambígua e é difícil falar dele como um escritor utópico ou revolucionário.

O caso de Thomas Mann é interessante porque nos permite cercar melhor, de forma comparativa, o que o aproxima e o distingue dos intelectuais judeus nos quais ele se inspira. Tomemos como exemplo a figura de Naphta, o célebre jesuíta revolucionário de origem judaica que não para de surpreender os leitores de *A Montanha Mágica*. Thomas Mann se inspirou, para criar essa personagem, que encarna o romantismo em toda sua virulência anticapitalista, na figura de intelectuais judeus revolucionários como Georg Lukács e Gustav Landauer (talvez também Ernst Bloch). No entanto, a personagem de Mann é muito mais ambígua que os seus "modelos" reais: por exemplo, ele é judeu, mas convertido ao catolicismo. Ora, se Lukács, Landauer e Bloch são fascinados pela cultura gótica da Idade Média, eles jamais, no entanto, consideraram se converter! Por outro lado, Naphta, apesar dos seus discursos em favor do proletariado e do comunismo, é muito mais "retrógrado" em seus sonhos de restauração medieval do que os revolucionários judeus mencionados. Enfim, Thomas Mann pôs, sem dúvida, bastante de si próprio em Naphta, mas ele guarda não menos que uma distância irônica para com a sua personagem.

Concluindo: com muitas considerações, os intelectuais judeus da *Mitteleuropa*, do movimento utópico-romântico – que se encontram em torno da revista de Buber, *Der Jude*, das revistas expressionistas (*Die Aktion*), do círculo Bar-Kokhba de Praga, da Escola de Frankfurt ou dos partidos de esquerda –, se distinguem, pelo tipo de cultura que produzem, dos intelectuais judeus europeus ocidentais ou orientais, assim como dos seus pares, os intelectuais "gentios" da cultura alemã.

Algumas palavras ainda sobre os intelectuais judeus norte-americanos desse período – primeira metade do século XX. Um primeiro grupo é composto daqueles que emigraram por razões políticas ou sociais e que tentam continuar, em território norte-americano, o mesmo tipo de atividade intelectual e/ou militante que produziam em seu país de origem. Uma primeira onda, originária do *Yiddishland* – sobretudo da Rússia e Polônia –, chega no fim do século XIX e começo do XX; Emma Goldmann ou Alexandre Berkmann são ilustres exemplos disso. Sua forma de pensamento e sua cultura política permanecem, em larga medida, as do seu meio de origem. Com certa dificuldade, podemos falar de uma cultura judaica especificamente norte-americana. Esse é o caso para escritores de cultura ídiche, estabelecidos nos EUA, como Shalom Asch ou, alguns anos mais tarde, Isaac Bashevis Singer.

Podemos aplicar raciocínio análogo à segunda onda, dessa vez da Europa central, que chega depois de 1933: os refugiados do nazismo. Quer a permanência deles tenha sido provisória – como a de Theodor Adorno, Max Horkheimer e Ernst Bloch – quer ela tenha se tornado definitiva na América do pós-guerra – como no caso de Herbert Marcuse, Leo

Löwenthal, Erich Fromm ou Hermann Bloch – sua cultura, sua problemática, seu estilo de pensamento continuaram sendo a do judeu de cultura alemã. Isso vale também para os que tentaram, em certa medida, "americanizar" sua reflexão, se integrar no clima político e cultural dos EUA, como Hannah Arendt.

É apenas entre os intelectuais judeus nascidos ou educados nos EUA que encontraremos manifestações político-culturais propriamente americanas e a formação de um tipo de intelectual especificamente "judeu-americano" – uma de suas primeiras expressões será o *Menorah Journal*. Essa brilhante revista judaica será animada durante os anos de 1920 por um grupo de intelectuais de esquerda de sensibilidade cosmopolita – Elliot Cohen, Lionel Trilling, Herbert Solow, Felix Morrow (Mayorwitz), Clifton Fadiman, Tess Slesinger – que irá, em sua maioria, tornar-se comunista ou trotskista no decorrer dos anos de 1930. Comparando esse grupo aos intelectuais judeus europeus, Alan Wald observa:

> Nos EUA, os autores do *Menorah Journal* e seus contemporâneos, geralmente imigrantes da segunda geração, não eram nem párias, como os europeus do leste, nem profundamente integrados à sociedade existente e a seus valores estabelecidos, como o era a *intelligentsia* judaica inglesa e francesa. Os anos do entre guerras nos Estados Unidos são caracterizados por fatores potencialmente radicalizadores, como a existência de uma substancial classe operária judaica e a persistência de um antissemitismo virulento. Por consequência, todas as alas do movimento radical nos EUA conheceram uma grande contribuição de intelectuais judeus no curso dos anos de 1930[28].

No que diz respeito aos intelectuais de esquerda, observa-se uma predominância da cultura literária – o filósofo Sidney Hook é uma grande exceção – com o crescimento de uma plêiade de escritores conhecidos: Nelson Algren, Ben Barzman, Alvah Bessie, Guy Endore (Samuel Goldstein), Howard Fast, Michael Gold, Arthur Miller, Tillie Olsen, Abraham Polonsky,

---

28 *The New York Intellectuals. The Rise and Decline of the Anti-Stalinist Left from the 1930's to the 1980's*, Chapel Hill & London: University of North Carolina Press, 1987, p. 45.

John Sanford (Julian Shapiro), Budd Shulberg, Tess Slesinger, entre muitos outros.

A maioria desses autores compartilha certas características que os distinguem nitidamente dos seus equivalentes judeus-europeus:

- Importância dos temas norte-americanos, ou da história norte-americana, tal como a expulsão dos índios pela civilização branca ou a opressão aos negros pela escravatura ou pelo racismo. Quando temas judaicos são abordados – como no clássico *Jews Without Money* (Judeus sem Dinheiro) (1930), de Michael Gold – é no contexto da vida dos imigrados nos EUA.

- Disposição para escrever uma literatura "popular", realista-social, acessível às camadas sociais mais amplas. Alguns irão até mesmo redigir romances policiais, de "pulp fiction", ou roteiros de cinema.

Um dos exemplos mais típico de intelectual judeu-americano dessa época é Howard Fast, membro do partido comunista até 1956, autor de obras bem populares (algumas, como *Spartacus*, foram levadas à tela), entre as quais uma homenagem aos índios, *The Last Frontier* (A Última Fronteira) (1941), e uma obra sobre a luta dos negros contra o racismo no século XIX, *Freedom Road* (O Caminho da Liberdade) (1944).

Um grupo distinto irá se constituir a partir da metade dos anos de 1930 em torno da *Partisan Review*, onde se encontrarão alguns dos colaboradores do *Menorah Journal*. Dirigida por Philip Rahv (Ivan Greenberg) e William Phillips (Litvinsky), essa revista se diferencia por sua simpatia pelas ideias de Lev Trótski – em oposição à *New Masses*, de Michael Gold, a revista literária oficial do Partido Comunista – e por sua simpatia pelo modernismo literário europeu (T. S. Eliot, Proust, Kafka, Joyce). Ela constitui o núcleo do grupo que será designado mais tarde, um pouco abusivamente, como Os Intelectuais de Nova York. Mesmo que essa corrente de escritores e de críticos literários esteja mais próxima de uma problemática europeia, seu horizonte cultural e suas aspirações não se tornam menos norte-americanas.

◆ ◆ ◆

Que podemos concluir desse breve panorama, que concerne, aliás, apenas ao mundo cultural asquenaze? Além de certas características comuns bastante gerais – o espírito crítico, a situação precária, a ausência de enraizamento (*freischwebend*), a atração pelas utopias sociais ou humanitárias – o que mais impressiona é a diferença social, cultural e política entre os intelectuais judeus de diversos países e áreas geográficas. A história social dos países de acolhida, sua cultura, o tipo de integração/assimilação ou rejeição/discriminação para com a população judaica, a força do antissemitismo, os acontecimentos e as forças políticas, a conjectura histórica, são todos fatores que representam um papel importante nessa diferenciação – sem falar na dinâmica própria das comunidades judaicas locais. Contudo, ao mesmo tempo, na maioria dos países, os intelectuais judeus se distinguem dos seus compatriotas gentios, do ponto de vista cultural ou religioso e também político.

Seriam necessários trabalhos comparativos mais profundos, tanto entre indivíduos de uma mesma área cultural – como os que se encontram neste volume – quanto entre aqueles que pertencem a conjuntos culturais distintos, para se poder esboçar uma visão de conjunto das características comuns e específicas dos intelectuais judeus de diferentes países e continentes.

2. Romantismo e Messianismo no Pensamento Judaico da Europa Central no Começo do Século XX[1]

O conceito de *millenium* ou quiliasmo é de origem cristã. Não encontramos na *Bíblia* hebraica, ou na tradição judaica, a ideia de uma época de mil anos de paz antes do Julgamento Final. O equivalente judeu do milenarismo é o *messianismo*, com a diferença de que a era messiânica – *iemot ha-meschiah* – não admite limite, mas é eterna. Isso não impede, todavia, de se esboçar, em certos casos, comparações entre os dois.

A religião judaica não pode ser reduzida ao messianismo: tendências antimessiânicas, ou tentativas de "neutralizar" essa dimensão, sempre existiram no judaísmo. Apesar disso, trata-se de um dos momentos mais importantes e mais determinantes na história da espiritualidade judaica, e na relação dos judeus na esfera política.

Exigência de absoluto que visa sempre a "além daquilo que existe", o messianismo contém ao mesmo tempo uma tendência restauradora e uma tendência utópica. Segundo Gershom Scholem, a particularidade do messianismo judaico é a de que

---

1 Este artigo retoma muitos dos temas desenvolvidos em meu livro *Redenção e Utopia: O Judaísmo Libertário na Europa Central*.

ele se realiza na cena pública, e não pode ser reduzido à salvação de almas individuais.

◆ ◆ ◆

No contexto particular do judaísmo da Europa central no começo do século XX, teria lugar uma espécie de *reativação moderna* do messianismo. Uma rede complexa de laços – de *afinidades eletivas*, para retomar um conceito utilizado na sociologia das religiões de Max Weber – irá se tecer na cultura judaica alemã entre romantismo, renascimento religioso judaico, utopia revolucionária, socialismo, anarquismo.

Na virada do século XIX para o XX, grande parte da *intelligentsia* judaica da Europa central foi seduzida por uma das principais correntes da cultura alemã: o romantismo; compreendido não como simples escola literária do início do século XIX, mas como uma das formas essenciais da cultura moderna. Pode-se definir o romantismo, nesse sentido potente, como um tipo de autocrítica da modernidade, um protesto contra a civilização industrial/capitalista moderna, em nome de certos valores do passado. Essa *Weltanschauung* (cosmovisão) nostálgica e antiburguesa era, no fim do século XIX, predominante nos meios universitários da Europa central, que recusavam o desencantamento do mundo, e que opunham a *Gemeinschaft* (comunidade) à *Gesellschaft* (sociedade), ou a *Kultur* à *Zivilisation*. É compreensível, então, que os estudantes judeus, notadamente no domínio das *Geisteswissenschaften* – as "ciências do espírito" –, fossem seduzidos por essa forma cultural.

Se a corrente racionalista, os adeptos do progresso e das luzes, da ciência e da modernidade, é de longe a mais importante tanto no judaísmo da Europa ocidental como na *Yiddishland* da Europa do leste, a corrente romântica, inspirada por uma sensibilidade religiosa messiânica, parece, por sua vez, ser específica do judaísmo da Europa central. Em todo caso, ela tem um peso e uma irradiação na cultura judaica da *Mitteleuropa* que são incomparavelmente superiores àqueles que tem na França, Inglaterra ou na Rússia e Polônia. Quais são as consequências disso para a vida intelectual judaica na Europa central?

A opção pelo romantismo conduz o jovem intelectual judeu à recusa da carreira profissional paterna e a uma revolta contra o meio familiar burguês. É o profundo *corte geracional* de que falam tantos autores judeus da Europa central em suas autobiografias, a ruptura de jovens antiburgueses apaixonados pela *Kultur*, pela espiritualidade, religião, arte e/ou revolução, com seus pais empresários, comerciantes ou banqueiros, liberais moderados, indiferentes em matéria religiosa e bons patriotas alemães. A geração de proprietários de fábricas de calçados produzia uma raça de escribas, de artistas e de utopistas. A célebre *Carta ao Pai*, de Kafka, é um dos documentos mais pungentes e reveladores dessa ruptura.

Karl Mannheim utiliza o termo *Generationszusammenhang* (conexão geracional) para designar o liame concreto, que resulta da participação em um destino histórico-social comum no seio de uma geração. Com efeito, a ruptura geracional não é um fato biológico: é apenas em determinadas condições sociais que se produz uma distância ou mesmo um abismo entre as gerações. Na nova *intelligentsia* judaica do século XX, nascida durante o último quartel do século XIX, pode-se encontrar uma *Generationszusammenhang* desse tipo. É a essa geração que pertence o grupo de intelectuais de sensibilidade romântica na Europa central, cuja data de nascimento se situa em torno dos vinte últimos anos do século XIX: Martin Buber (1878), Franz Kafka (1883), Ernst Bloch (1885), Georg Lukács (1885), Franz Rosenzweig (1886), Walter Benjamin (1892), Ernst Toller (1893), Gershom Scholem (1897), Erich Fromm (1900), Leo Löwenthal (1900). É necessário, no entanto, precisar que a análise sociológica pode dar conta somente das *probabilidades* pelas quais certo número de intelectuais judeus é atraído pelo polo romântico da cultura alemã; ela não permite explicar a escolha pessoal de cada indivíduo, que emerge de uma série de outras variáveis. Basta mencionar o exemplo da família Scholem: um dos filhos (Rheinhold) se tornará nacionalista alemão, o outro (Werner), deputado comunista, e o terceiro (Gerhard), sionista e historiador da Cabala... O meio social evidentemente não pode fornecer uma explicação dessa diversidade!

Certos círculos ou cenáculos culturais serão os promotores ativos dessa cultura romântica/messiânica judaica na Europa central: a revista *Der Jude*, publicada por Martin Buber, o Club Bar Kokhba de Praga (Hugo Bergmann, Hans Kohn, Max Brod, Franz Kafka), o círculo em torno do rabino Nobel em Frankfurt (Erich Fromm, Leo Löwenthal, Sigfried Kracauer).Porém os intelectuais judeus também participam dos cenáculos alemães, como o círculo ao redor de Max Weber, em Heidelberg (Ernst Bloch, Georg Lukács, Ernst Toller).

Para o intelectual judeu atraído pelo romantismo, um problema se apresentava imediatamente: o retorno ao passado, que era o coração da *démarche* romântica, se nutria de referências nacionais (a germanidade ancestral), sociais (a aristocracia medieval) ou religiosas (a cristã protestante ou católica) das quais ele, enquanto judeu, era radicalmente excluído. É verdade que alguns pensadores judeus foram capazes de mudar – por exemplo, os membros do círculo em torno do poeta Stefan George – e se metamorfosear em germanistas conservadores (Friedrich Gundolf, Karl Wolfskehl, Alfred Kantorowicz) ou em teólogos protestantes (Hans Ehrenberg). É o caso ainda da personagem de ficção criada por Thomas Mann: Leon Naphta, judeu convertido ao catolicismo e que se tornou jesuíta... Mas esses são casos relativamente raros, na medida em que eles implicam um esforço de autonegação como judeu – um esforço cuja manifestação extrema é o "ódio de si" dos antissemitas judeus, como Otto Weininger e Theodor Lessing.

Para os outros, isto é, a maior parte, havia duas saídas possíveis no quadro da visão romântica do mundo: seja um retorno as *suas próprias raízes* históricas, à sua própria cultura, nacionalidade ou religião ancestral, seja a adesão a uma utopia romântica/revolucionária de caráter *universal*. Não é surpreendente que certo número de pensadores judeus da *Mitteleuropa*, próximos da sensibilidade romântica, tivessem escolhido *simultaneamente* essas duas vias, sob a forma da (re)descoberta da religião judaica e da simpatia ou identificação com as utopias revolucionárias.

De que tipo de religião se trata? Influenciados pela atmosfera impregnada de religiosidade do neorromantismo, da virada do século XIX para o XX na Alemanha e na Europa central, muitos dos intelectuais judeus vão se revoltar contra a assimilação dos seus pais, buscando salvar do esquecimento a cultura judaica do passado. Opera-se, desse modo, uma de-secularização e uma "dissimilação" (o termo é de Franz Rosenzweig). Ela toma, às vezes, um caráter nacional – sobretudo através do sionismo – mas o aspecto predominante é religioso: a assimilação foi tão profunda que era extremamente difícil romper com a identidade nacional/cultural germânica. No quadro do processo de assimilação avançada da *Mitteleuropa*, a *religião* permanece a única especificidade legítima para os "cidadãos alemães de confissão israelita": então é compreensível que ela se torne o principal canal de expressão para esse movimento de "dissimilação" parcial.

Trata-se, todavia, de uma religiosidade nova, impregnada de espiritualidade romântica alemã e bem diferente do tradicionalismo ritualmente conservado por alguns ambientes judeus ortodoxos. O paradoxo está no fato de que será por intermédio do neorromantismo alemão que esses jovens intelectuais vão redescobrir sua própria religião: o trajeto deles até o profeta Isaías passa por Novalis, Hölderlin ou Schelling... Em outros termos, a assimilação deles foi o ponto de partida de sua própria dissimilação. Não foi por acaso que Buber escreveu sobre Jacob Böhme *antes* de redigir suas obras hassídicas; que Franz Rosenzweig quase se converteu ao protestantismo *antes* de se tornar o renovador da teologia judaica; que Gustav Landauer traduziu os escritos místicos de Mestre Eckhart *antes* de debruçar-se sobre a tradição judaica; e que Gershom Scholem redescobriu a Cabala graças aos escritos do romântico alemão Franz Joseph Molitor. Disso resulta que a herança religiosa judaica é percebida por meio de uma grade de leitura romântica, que privilegia sua dimensão não racional e não institucional, seus aspectos místicos, explosivos, apocalípticos, "antiburgueses" (o termo é de Scholem, em seu primeiro artigo sobre a Cabala, de 1919[2]).

O *messianismo* é precisamente o tema que concentra, como em uma fornalha de luz ardente, todos os aspectos *Sturm und Drang* (Tempestade e Ímpeto) da religião judaica – com a condição, bem entendido, de livrá-lo da interpretação liberal, neokantiana e *Aufklärer* –, é o messianismo que visa a um constante aperfeiçoamento progressivo da humanidade, para restabelecer,

---

2 Lyrik der Kabbala?, *Der Jude*, VI, 1921-22, p. 55. (Trad. francesa, Poésie de la kabbale?, em *Cahier de l'Herne: Gershom Scholem*, Paris: L'Herne, 2009, p. 103-118.)

em toda sua potência escatológica, a tradição originária dos profetas à Cabala e da *Bíblia* a Sabatai Tzvi. Não é espantoso, então, que a referência messiânica, em sua dupla significação restauradora e utópica, torne-se o xibolete da anamnese religiosa dessa geração romântica judaica. É óbvio, por outro lado, que esse messianismo judaico, carregado de explosividade romântica, é mais suscetível de *reativação política* que o messianismo rabínico, quietista ou abstencionista, dos meios ortodoxos.

Como se opera essa reativação? Ou melhor, como explicar a adesão de uma margem considerável dessa geração às utopias sociais?

A *intelligentsia* ressentia, de modo mais direto que a burguesia ou que nos meios de negócios, a *condição pária* do judeu na Europa central, o antissemitismo ambiente, as discriminações profissionais e sociais. Como escreve Hannah Arendt, essa nova camada de intelectuais, obrigada a conseguir seu pão de cada dia e seu autorrespeito fora da sociedade judaica, é particularmente exposta – "sem proteção nem defesa" – à nova vaga de ódio antijudaico na virada do século XIX para o XX, e é em seu interior que se desenvolve a "consciência pária" rebelde, oposta à postura conformista do "novo-rico"[3]. Ora, a consciência pária, por sua posição exterior, marginal, tende a possuir um olhar crítico, e a pôr em questão os valores da sociedade que desvalorizou sua alteridade.

Tentando compreender as razões da adesão dos judeus ao socialismo, Walter Laqueur escreve, em seu livro sobre a República de Weimar:

> Se eles eram atraídos pela esquerda, é porque ela era o partido da razão, do progresso e da liberdade, e porque ela ajudou-os a conquistar a igualdade. A direita, ao contrário, era mais ou menos antissemita, considerando-os como um elemento estranho no corpo político. Essa atitude, que se constituiu em um componente fundamental da vida política ao longo de todo o século XIX, não mudará no decorrer do primeiro terço do século XX[4].

---

3 Hannah Arendt, *The Jew as Pariah: Jewish Identity and Politics in the Modern Age*, New York: Grove Press, 1978, p. 144.
4 *Weimar 1918-1933*, Paris: Robert Laffont, 1978, p. 106.

Essa análise é bastante pertinente e nos permite compreender – ao menos em certa medida – a integração de muitos dos judeus à social-democracia na Alemanha e ainda mais na Áustria. Por outro lado, ela não é adequada para explicar a radicalização da geração judaica romântica, que desconfia do racionalismo, do progresso industrial e do liberalismo político, e que será seduzida muito mais pela utopia libertária (ou pelo comunismo) que pela social-democracia.

No contexto particular do judaísmo da Europa central, uma rede complexa de laços – de *afinidades eletivas*, para retomar um conceito utilizado na sociologia das religiões de Max Weber – se tecerá entre romantismo, renascimento religioso judaico, messianismo, revolta cultural "antiburguesa" e antiestadista, utopia revolucionária, socialismo, anarquismo.

Podemos distinguir dois polos nessa movência, nessa nebulosa messiânica/romântica do judaísmo da *Mitteleuropa*. O primeiro, constituído de judeus religiosos de sensibilidade utópica: Franz Rosenzweig, Rudolf Kayser, Martin Buber, Gershom Scholem, Hans Kohn, o jovem Leo Löwenthal. A recusa pela assimilação e a afirmação da identidade judaica, nacional/cultural e religiosa, são os aspectos dominantes do pensamento deles. Eles não têm a mesma posição diante do sionismo: Rosenzweig não o aceita, Löwenthal e Hans Kohn o abandonam após um período de adesão, enquanto Buber e Scholem participam do movimento, mas se encontram marginalizados pelas suas opções políticas. A aspiração deles por uma renovação nacional e religiosa judaica não os conduz ao nacionalismo político, e sua concepção do judaísmo permanece marcada pela cultura alemã. Todos manifestam – em diversos graus – uma visada utópica universal do tipo socialista libertária, que articulam – de modo implícito ou explícito – com sua fé religiosa messiânica.

O outro polo é o dos judeus assimilados, ateus-religiosos, libertários: Gustav Landauer, Ernst Bloch, Erich Fromm, o jovem Georg Lukács, Manès Sperber. De modo contrário aos precedentes, eles se afastam, em diferentes graus, do judaísmo, sem, nem por isso, romper todos os liames. O termo *ateísmo religioso* – enunciado por Lukács a propósito de Dostoiévski – permite cercar essa figura paradoxal do espírito que parece buscar, com a energia do desespero, o ponto de convergência messiânica entre o sagrado e o profano.

Alguns dentre eles receberam, em sua juventude, uma educação judaica religiosa – Fromm, Sperber –, mas a maioria só descobriu o judaísmo tardiamente. Independentemente dessa trajetória individual, eles tiveram, em comum, uma postura estranha e contraditória, que associa a recusa das crenças religiosas propriamente ditas a um interesse apaixonado pelas correntes místicas e milenaristas judaicas e cristãs. Trata-se, em todo caso, de uma espiritualidade messiânica/revolucionária que tece, entrelaça, entrecruza, de maneira inextricável, o fio da tradição religiosa e o da utopia social. Próxima do ideal libertário durante os anos de 1914-1923, a maioria irá se aproximar progressivamente do marxismo nos anos seguintes.

❖ ❖ ❖

Enquanto a espiritualidade de alguns desses autores – por exemplo, Martin Buber – emerge da fé religiosa no sentido estrito, a de vários outros parte mais do domínio ambíguo do *ateísmo religioso*. Nesse caso, os temas proféticos, místicos ou messiânicos judaicos são, ao menos em certa medida, *secularizados* em sua utopia socialista. Mas não se trata de uma secularização no sentido habitual do termo: a dimensão religiosa continua presente no próprio coração do imaginário político deles. Ela não é abolida, mas conservada/suprimida – no sentido dialético de *Aufhebung** – em uma profecia utópica e revolucionária. Nessa secularização paradoxal, o universo simbólico religioso se inscreve explicitamente no discurso revolucionário e o carrega de uma espiritualidade milenarista, que parece escapar às distinções habituais entre o sagrado e o profano, o transcendente e o imanente, a religião e o século. O termo provisório de "ateísmo religioso" apenas substituirá, de modo inadequado, um conceito que ainda não existe para designar essa figura do espírito, da qual Gustav Landauer, Ernst Bloch e Walter Benjamin são representantes na cultura judaica alemã.

---

* Do Alemão *aufheben* que abrange ambos os sentidos contraditórios, é tanto "abolir", "suprimir" como "conservar" ou "ultrapassar" (N. da T.).

3. Walter Benjamin e Franz Rosenzweig: Messianismo Contra Progresso

Franz Rosenzweig e Walter Benjamin encarnam, cada um a sua maneira, a simbiose judio-alemã – termo que não remete, como se acredita às vezes, a um encontro e a um reconhecimento mútuo das culturas judaica e alemã, mas exclusivamente à síntese, realizada pelos *pensadores judeus*, de elementos oriundos dessas duas culturas. Nossos dois autores são prova disso: o messianismo judeu e o romantismo alemão são as fontes comuns de suas reflexões, que forneceram os materiais com os quais construíram suas obras. Os dois releem a tradição judaica por meio do prisma que a concepção romântica do mundo os conduz. O inverso também é verdadeiro: sua interpretação das ideias do romantismo alemão foi informada pela fé dos dois no messianismo judeu.

ROMANTISMO

Antes de estudar a questão do messianismo que fornece a este ensaio seu tema principal, convém examinar brevemente sua relação com o romantismo. É necessário, em primeiro lugar, ressaltar que o romantismo não é somente um movimento literário do começo do século XIX, mas uma *Weltanschauung*, um estilo de pensamento e uma estruturação de afetos, uma *Stimmung* (disposição), apresentada no conjunto dos domínios da vida cultural e que se estende desde Rousseau e Novalis até o surrealismo – e mesmo mais adiante. O etos que caracteriza a visão romântica do mundo poderá ser definido como uma *crítica cultural à civilização capitalista moderna em nome dos valores pré-modernos ou pré-capitalistas*. Em outros termos, trata-se de uma revolta contra certos aspectos essenciais da sociedade moderna, tida como responsável por uma regressão ou por um declínio da humanidade. Essa revolta é dirigida contra a quantificação e a mecanização da vida, contra a reificação das relações sociais, a dissolução da comunidade (*Gemeinschaft*), e, antes de tudo – e para retomar os termos utilizados por Max Weber –, contra o desencantamento do mundo (*Entzauberung der Welt*) resultante da racionalidade instrumental (*Zweckrationalität*) e do espírito de cálculo correspondente (*Rechnenhaftigkeit*) que dominam a cultura moderna.

A maioria desses elementos está presente nas obras de nossos dois autores.

Na Alemanha, no fim do século XIX, quando Rosenzweig e Benjamin receberam sua formação (*Bildung*), o "romantismo", por vezes designado como "neorromantismo", era umas das correntes culturalmente dominantes, tanto na literatura como nas ciências do espírito (*Geisteswissenschaften*). Ele inspira não somente inúmeras tentativas de reencantamento do mundo – entre as quais o "retorno do religioso" ocupa um lugar importante – mas também o desenvolvimento de antinomias de caráter social e filosófico como a oposição da cultura (*Kultur*) à civilização (*Zivilisation*), e da comunidade (*Gemeinschaft*) à sociedade (*Gesellschaft*).

Der Stern der Erlösung (A Estrela da Redenção), de Franz Rosenzweig, oferece um exemplo surpreendente de redescoberta da tradição religiosa como o oposto do racionalismo moderno e do ceticismo. No entanto, ela não indica um retorno à ortodoxia rabínica ou talmúdica e desdobra uma compreensão do judaísmo que o prisma do romantismo revela com novas nuances. Segundo Günther Henning, "Rosenzweig, mais que qualquer outro, traduziu os objetivos do romantismo em uma filosofia sistemática da religião"¹. Em recentes trabalhos de pesquisa, *A Estrela da Redenção* foi denominada como "um episódio do romantismo judeu"², designação que encontra, evidentemente, sua origem nas relações profundas que ligam essa obra ao principal filósofo do romantismo alemão, Schelling. Como Wolfdietrich Schmied-Kowarzik destaca, *A Estrela da Redenção* é "a continuação mais completa da filosofia positiva de Schelling de que dispomos até os dias de hoje"³. De fato, Rosenzweig retoma a ideia de Schelling – um *topos* tipicamente romântico – conforme a qual a poesia originária e futura da humanidade é expressa pelo mito, que é uma estrutura primitiva da compreensão. Mas em lugar de se interessar por Homero, Rosenzweig se apropria do equivalente judeu da mitologia grega: a *Bíblia*. Contudo, ele não se interessa pela poesia judaica, pelo mito e pelo rito a não ser enquanto elementos de uma herança cultural: antes constituem, para ele, enquanto linguagens originárias, o ponto de partida do seu "novo pensamento"⁴.

Mas além das referências filosóficas e literárias do romantismo alemão, o caráter romântico da obra de Rosenzweig surge na visão do mundo e particularmente na crítica à modernidade, da qual ela procede, crítica que se estende também às "concepções especificamente 'modernas' do 'progresso' na história", ao conceito moderno das idades do mundo que ordena os tempos da história em uma série infinita – e que, do seu ponto de vista, "envenena o futuro pela raiz" (*Zukunft in der Wurzel vergiftet ist*) –, um conceito ao qual ele opõe a concepção judaica pré-moderna do tempo como "eternidade⁵". Retornaremos mais tarde a esse ponto.

1   *Walter Benjamin zwischen Marxismus und Theologie*, Olten: Wolter, 1974, p. 45.
2   Ver Ernest Rubinstein, *An Episode of Jewish Romanticism: Franz Rosenzweig's "The Star of the Redemption"*, Albany: Suny, 1999.
3   *Franz Rosenzweig. Existenzielles Denken und gelebte Bewahrung*, Freiburg: Karl Alber, 1991.
4   Peter Eli Gordon, *Rosenzweig and Heidegger. Between Judaism and German Philosophy*, Berkeley: University of California Press, 2003, p. 127-130. Essa dimensão romântica está presente, sobretudo, em *A Estrela da Redenção*, mas é necessário lembrar que, de maneira bastante curiosa, Georg Lukács denunciou a influência negativa do romantismo filosófico diltheyniano no livro de Rosenzweig, proveniente de sua tese consagrada: *Hegel und der Staat* (trad. bras., *Hegel e o Estado*, São Paulo: Perspectiva, 2008). Ver Georg Lukács, *Le Jeune Hegel. Sur les rapports de la dialectique et de l'économie*, Paris: Gallimard, 1981.
5   F. Rosenzweig, *Der Stern der Erlösung* (1921, doravante SE), Frankfurt: Suhrkamp, 1988, p. 252. (Trad. francesa, *L'Étoile de la rédemption*, Paris: Le Seuil, 1982, p. 318.)

A relação de Benjamin com o romantismo como concepção do mundo pode ser recuperada a partir do seu interesse pelos autores de um primeiro romantismo – particularmente pelos irmãos Schlegel e por Novalis – e por aqueles de um romantismo mais tardio como E. T. A. Hoffmann, Franz von Baader, Franz Joseph Molitor e Johann Jakob Bachofen, assim como por Baudelaire e os surrealistas. Mais ainda, essa relação surge como evidente, se considerarmos seus projetos em matéria de teologia, política e filosofia da história. Convém, assim, apresentar algumas das formas mais importantes que a relação de Benjamin com o romantismo tomou em sua juventude, antes de ele ter descoberto *A Estrela da Redenção*.

Um dos primeiros artigos publicados por Benjamin, em 1913, se intitula "Romantik: Eine nicht Gehaltene Rede and die Schuljugend" (Romantismo: Um Discurso Não Pronunciado Para a Juventude Escolar)[6]. Ele convoca o nascimento de um novo romantismo e rende homenagem ao desejo romântico pelo belo, pela verdade e pela ação como um dos momentos insuperáveis da cultura moderna. Essa maneira de escrita inaugural revela tanto as afinidades profundas de Benjamin com a tradição romântica – compreendida como sendo, ao mesmo tempo, arte, conhecimento e prática (práxis) – quanto sua vontade de renovar. Outro artigo desse período de juventude, o "Dialog über der Religiosität der Gegenwart" (Diálogo Sobre a Religiosidade do Presente)[7], traz, ainda, o testemunho de sua fascinação pela concepção romântica do mundo e as "apreciações sugestivas que ela exprime da parte noturna da natureza".

Para o autor – o *Ich* (eu) do diálogo –, o tema crucial da época era a possibilidade do advento de uma nova religião e de um novo socialismo cujos profetas seriam Tolstói, Nietzsche e Strindberg. Essa "religião social" se opõe à concepção contemporânea do "social", que o reduz a nada além de uma "simples coisa produzida pela civilização, como a iluminação elétrica". Nesse contexto, Benjamin retoma vários *topoi* clássicos da crítica romântica da civilização (*Zivilisationskritik*) tais como a transformação dos seres humanos em máquinas produtivas,

---

6 *Gesammelte Schriften II*, 1 (doravante GS), Frankfurt: Suhrkamp, 1980.
7 GS II, 1, p. 16-34.

a degradação do trabalho em simples técnica, a submissão desesperada dos indivíduos aos mecanismos sociais e, acima de tudo, a substituição de "esforços heroicos e revolucionários" do passado pela deplorável marcha do progresso, que ele designa como "a marcha a passos de caranguejo da evolução".

Essa última observação é bem reveladora da maneira que Benjamin absorve a tradição romântica. A desconstrução da ideologia do progresso não é feita em nome da conservação ou da restauração, mas em nome da *revolução*. Esse deslocamento subversivo fornece ainda seu tema principal da conferência que pronuncia em 1915, chamada por ele de "Das leben der Studenten" (A Vida dos Estudantes)[8], documento extraordinário que parece iluminar todas as ideias que iriam perseguir Benjamin durante toda sua vida. Para Benjamin, as verdadeiras questões que deviam ser colocadas não eram "os problemas técnicos limitados de caráter científico", mas antes "as questões metafísicas de Platão, de Spinoza, dos românticos e de Nietzsche". Entre todos esses problemas "metafísicos", o da temporalidade histórica é preeminente. Ele faz o elogio do poder crítico das *imagens utópicas*, como a ideia francesa de revolução de 1789 ou o reino messiânico, como opositoras à "informe tendência progressista" com sua concepção linear do tempo.

BENJAMIN LÊ ROSENZWEIG

Graças a Gershom Scholem, Benjamin descobriu *A Estrela da Redenção* em 1921. Quando começou a leitura da obra, escreveu a seu amigo, em uma carta de 8 de novembro de 1921, que "seria perigoso superestimar" a importância desse escrito, mas admitiu, todavia, que precisaria ler a obra inteira antes de poder formar um julgamento[9]. Um ano mais tarde, encontrou interesse suficiente na leitura do livro para decidir visitar seu autor. Em uma carta de 30 de dezembro de 1922, ele relata a Scholem seu encontro com o filósofo, já seriamente debilitado pela doença, não podendo se exprimir senão com grande dificuldade: "Falei

---

8   GS II, 1, p. 75-87. (Trad. francesa: *Oeuvres*, I, Paris: Gallimard, 2000, p. 125-141.)
9   *Gesammelte Briefe II* (doravante GB), Frankfurt: Suhrkamp, 1996, p. 208.

a Rosenzweig da influência do seu livro, de sua importância" e "dos seus perigos". Benjamin iria admitir, no entanto, que se sentiu um pouco constrangido na ocasião desse encontro. Sentindo que seu conhecimento de A Estrela da Redenção era limitado, ele jamais pôde tomar a iniciativa na conversa. A partir desse encontro, em todo caso, a obra de Franz Rosenzweig ficou, para sempre, inscrita em seu horizonte intelectual.

No começo dos anos de 1920, Benjamin escreve sua tese sobre o *Trauerspiel*, na qual faz, de modo bastante favorável, e em diversas retomadas, referência à discussão da tragédia exposta por Rosenzweig em *A Estrela da Redenção*. Ele fez até mesmo um comentário irônico dessas menções em uma carta a Scholem, de 19 de fevereiro de 1925: em *Trauerspiel* "citei frequentemente Rosenzweig, para o desprazer de Salomon que pretende que tudo o que escreveu Rosenzweig sobre a tragédia já se encontra na obra de Hegel"[10]. Em uma das passagens de sua tese, Benjamin não se contenta com uma simples citação, mas presta homenagem à grandeza do pensamento de Rosenzweig. Depois de ter criticado Schopenhauer pela insuficiência (*Unzulänglichkeit*) de sua discussão sobre as diferenças existentes entre a tragédia antiga e a nova tragédia (cristã), acrescenta "ser necessário opor algumas frases de Rosenzweig a essa crítica vaga, prisioneira de uma metafísica que ignora a história, para se compreender os progressos feitos na história filosófica do mundo com as descobertas desse pensador". Essa passagem é seguida por uma citação de Rosenzweig, explicando que uma das diferenças mais íntimas entre a nova tragédia e a antiga se deve ao fato de que a primeira é uma tragédia sacra (*Heiligentragödie*) – termo que Benjamin identifica imediatamente ao vocábulo *Trauerspiel*[11].

Quando seu livro é publicado, em 1928, Benjamin não se contenta apenas com enviar um exemplar a Rosenzweig, mas também escreve, em 1 de fevereiro daquele ano, a Martin Buber, pedindo-lhe para dizer ao seu amigo Rosenzweig "o

---

10 GB III, p. 15.
11 *Gesammelte Werke I* (doravante GW), p. 291-292. (Trad. francesa, *Les Origines du drame baroque allemand*, p. 119. Trad. bras., *A Origem do Drama Barroco Alemão*, São Paulo: Brasiliense, 1984.)

quanto" ele [Benjamin] se sentia "devedor de sua consideração, em razão de sua notável teoria da tragédia, exposta em *A Estrela da Redenção*[12]".

Existe alguma coisa de irônico no fato de Benjamin ter recorrido à mediação de Buber para exprimir seus sentimentos direcionados a Rosenzweig, ao passo que até mesmo considerava que a colaboração de Buber teria apenas, para Rosenzweig, efeitos negativos. De fato, Benjamin manifestou hostilidade para com a tradução da *Bíblia* para o alemão, e levou apoio inflamado à dura crítica que Siegfried Kracauer teria feito a ela. Pode-se, entretanto, deduzir de uma carta de Benjamin endereçada a Kracauer, em 3 de junho de 1926, que ele parece imputar a responsabilidade principal dessa empreitada a Buber, e que lamentava por Rosenzweig ter aceitado tomar parte dela. E ali ele afirma, contudo: "Rosenzweig ocupa uma posição única na percepção que tenho da literatura desse tempo, graças a *A Estrela da Redenção*[13]".

Em 1923, Benjamin descobre o marxismo, depois do seu encontro com Asja Lacis e de sua leitura de *Geschichte und Klassenbewußtsein* (História e Consciência de Classe), de Lukács, obra editada em 1922. Como se pode deduzir de escritos como *Einbahnstrasse* (Rua de Mão Única), publicado em 1928, e "O Surrealismo", publicado em 1929, essa descoberta inauguraria um momento decisivo do seu pensamento. Seu interesse pela obra de Rosenzweig não estava, entretanto, enfraquecido, pelo contrário, como testemunha um curto ensaio de 1929, no qual coloca *A Estrela da Redenção*, ao lado do livro de Lukács, entre os quatro livros que permanecem, para ele, vivos desde o começo do século – os dois outros eram as obras de Alois Riegl, *Die Spätrömische Kunst-Industrie nach den Funden in Österreich-Ungarn* (A Indústria Artística do Império Romano Tardio Segundo as Descobertas no Império

---

12 *GB III*, p. 330. Para um estudo aprofundado das relações entre *As Origens do Drama Barroco Alemão*, de Benjamin, e as seções da segunda parte do terceiro livro de *A Estrela da Redenção*, de Rosenzweig, consagradas à tragédia, remetemos ao extraordinário ensaio de Stéphane Mosès, "Walter Benjamin und Franz Rosenzweig", em *Spuren der Schrift: Von Goethe bis Celan*, Frankfurt: Jüdischer Verlag bei Athänaeum, 1987. (Trad. francesa, em *Franz Rosenzweig: Sous l'étoile*, Paris: Hermann, 2009.)

13 *GB III*, p. 506.

Austro-Húngaro, editado em 1901) e de Alfred Gotthold Meyer, *Eisenbauten. Ihre Geschichte un Äesthetik* (Eisenbauten: Sua História e Estética, publicado em 1907). A descrição que ele fornece do conteúdo filosófico de *A Estrela da Redenção* é muito inábil e inadequada. Ele o descreve como "uma bem-sucedida quebra da dialética hegeliana em *Religion der Vernunft aus den Quellen des Judentums* (A Religião da Razão Extraída das Origens do Judaísmo), de Hermann Cohen[14]". No entanto, sua percepção sobre o livro de Rosenzweig, a mesma que teria de *História e Consciência de Classe*, como um dos livros mais importantes do seu tempo, mostra que o Benjamin marxista, partidário do materialismo histórico e simpatizante do movimento comunista, não parou de ser exigido, em geral, pelas questões teológicas e, em particular, por aquelas expostas em *A Estrela da Redenção*[15].

Em 1932, em uma análise crítica sobre o livro de Theodor Haecker consagrado a Virgílio, Benjamin instaura uma controvérsia que teve como assunto a tentativa de Haecher em legitimar a dominação política do Ocidente sobre as outras nações, em nome da "superioridade do espírito ocidental". Ele opõe, a esse discurso apologético, a obra de dois teólogos que decidiram combater o que ele designa como a idolatria do espírito. Esses autores são "o judeu Franz Rosenzweig, no plano da língua" e "o protestante Florens Christian Rang, no plano da política". Enquanto Haecker é convencional e diletante, "trata-se, no caso de Rosenzweig e, mais ainda, no de Rang, de homens totalmente heréticos para quem é possível avançar carregando a tradição em seus ombros em vez de conservá-la mantendo-se imóveis[16]".

Evidentemente essa relação criadora com a tradição também faz parte do projeto intelectual de Benjamin.

---

14 Bücher die lebendig gebliebe sind, em *GW I*, p. 170.
15 No ensaio que consagra, em 1931, a Bertold Brecht, "Was ist das epische Theater?", encontramos outra aproximação entre Rosenzweig e Lukács – a dos primeiros escritos anteriores à sua descoberta do marxismo –, aos quais Benjamin se refere como "os melhores pensadores de nossa época" por terem compreendido muito cedo o tipo, especificamente moderno, do "herói não trágico". *GS II*, 2, p. 524. (Em *Oeuvres*, III, p. 317-328, existe uma versão mais curta, na qual essa referência a Rosenzweig está ausente.)
16 Privigeliertes Denken: Zu Theodor Haecker's Vergil, *GS III*, p. 320.

É verdade que, em 1930, Benjamin recusa a proposta da *Frankfurter Zeitung* para redigir uma necrologia de Rosenzweig. Em uma carta endereçada a Scholem, de 25 de janeiro de 1930, ele explica as principais razões que teriam motivado sua recusa: ele preocupou-se com o esforço que lhe seria necessário desprender para escrever tal texto e que seria, além disso, de pouco valor em comparação à homenagem prestada pessoalmente por Scholem ao autor de *A Estrela da Redenção*[17]. Em todos os sentidos, os documentos de 1929 e de 1932, supracitados, trazem uma prova suficiente da grande estima que Benjamin tinha por Rosenzweig como pensador, mesmo não se sentindo suficientemente qualificado como um *expert* em sua filosofia.

Encontramos, do mesmo modo, *A Estrela* no ensaio de Benjamin, de 1934, sobre Franz Kafka. Uma dentre elas pode ser verificada em uma passagem relativa à cultura chinesa definida por sua "pureza totalmente elementar do sentimento" – uma citação perfeitamente atípica de Rosenzweig com a qual Benjamin tenta interpretar o capítulo x (O Grande Teatro de Oklahoma) de *América*, de Franz Kafka[18].

Um ano mais tarde, em 18 de julho de 1935, em uma carta endereçada a Alfred Cohn, ele evoca *A Estrela*, de Franz Rosenzweig, como um livro que foi apresentado a ele por Scholem e que, outrora, o teria consultado bastante[19].

O que poderíamos concluir desse breve estudo de referências explícitas à obra de Rosenzweig encontradas nos escritos de Walter Benjamin? Ele realmente leu *A Estrela da Redenção*? A questão não é sem legitimidade, desde que constatemos que a maioria das citações da obra feitas por ele provêm somente de duas de suas seções, uma relativa à história da tragédia, outra à China. Além disso, Benjamin admite, em sua correspondência, ter um conhecimento limitado, insuficiente, da obra-prima de Rosenzweig. No célebre artigo consagrado a Benjamin em 1965, Scholem insiste no fato de que o seu amigo, "como provam muitos dos seus escritos, era um leitor apaixonado de *A Estrela da Redenção*, de Franz Rosenzweig, a obra de teólogo judeu

---

17 GB III, p. 506.
18 GS II, 2, p. 418. (Trad. francesa, Essai sur Kafka, Oeuvres, II, p. 424.)
19 GB V, p. 130.

mais original de nossa geração". Mas o tema que ele coloca no centro do seu relato – e que designa como "o laço profundo do verdadeiro pensamento teológico judaico com a linguagem" – era um *topos* central nos primeiros escritos teológicos de Benjamin consagrados à linguagem e que são anteriores à publicação de *A Estrela*[20].

Há, entretanto, como tentaremos demonstrar, dois momentos capitais na evolução intelectual de Benjamin, nos quais sua relação com *A Estrela da Redenção* parece representar um papel importante, se não for decisivo. Foi o caso, em 1922, no momento da escrita do *Theologisch-politisches Fragment* (Fragmento Teológico-Político), e, em 1940, quando escreve as *Über den Begriff der Geschichte* (Teses Sobre o Conceito de História). Embora nenhum desses textos contenha referências explícitas à obra de Rosenzweig, podem-se notar, em certas passagens tanto de um como de outro, similitudes com partes de *A Estrela* tão sugestivas que se torna difícil não concluir a existência de uma relação direta entre esses escritos, que têm em comum o fato de tematizar a questão do messianismo e de sua relação com a História e o agir humano.

É verdade que os universos intelectuais desses dois pensadores eram extremamente diferentes, e que, em um primeiro olhar, parece não haver nada em comum entre a metafísica religiosa e a reflexão em matéria de teologia judaica de um, e os interesses orientados para a literatura e a política – que o conduziram a se interessar pela cultura alemã, pela literatura francesa, depois pelo marxismo – do outro. Existe, apesar de tudo, uma profunda afinidade entre o tipo de pensamento filosófico e teológico deles. Os dois opõem uma *temporalidade messiânica* à ideologia do *progresso*. E falar, nesse contexto, de uma influência de Rosenzweig sobre Benjamin, não é, talvez, a melhor maneira de elucidar a relação entre eles: é antes o *movimento interior do seu próprio pensamento* que conduziu o segundo a retomar, *por escolha*, certos momentos particulares,

---

20 Gerschom Scholem, *Walter Benjamin und sein Engel*, Frankfurt: Suhrkamp, 1983. (Trad. francesa: *Walter Benjamin et son ange*, Paris: Payot et Rivages, 1995, p. 63.) Stéphane Mosès propõe uma análise interessante das semelhanças e diferenças entre as teorias da linguagem de Benjamin e de Rosenzweig. Cf. Walter Benjamin und Franz Rosenzweig, op. cit. p. 87-93.

certas ideias do primeiro que lhe serviram como pedras de toque para o seu próprio trabalho intelectual

MESSIANISMO E LIBERTAÇÃO HUMANA

Em *A Estrela da Redenção*, Rosenzweig distingue, de maneira bem nítida, o reino de Deus e a História universal – à qual pertence a "ordem humana do mundo". No entanto, ele percebe, ao mesmo tempo, laços possíveis entre esses dois domínios distintos e heterogêneos. As revoluções, ou para retomar a terminologia de Rosenzweig, "os combates ininterruptos" cujos "clamores do coração" são "Liberdade, Igualdade, Fraternidade" – referência evidente a 1789 e a todas as lutas que a Revolução Francesa inspirou –, são o indício "de que se começou pela primeira vez a se fazer das exigência do Reino de Deus as exigências para o tempo presente". Essas "obras de libertação" (*Befreiungswerke*) possuem uma significação messiânica: "por pouco que o Reino de Deus lhe seja idêntico, elas não constituem menos as condições necessárias do seu advento[21]". Existe aí uma declaração fortíssima que parece atribuir aos movimentos revolucionários um papel decisivo na preparação do mundo ao *Malkhut Schamaim*, o "Reino dos céus".

Segundo Günther Henning, essa passagem faz referência à Revolução Russa de 1917:

> Rosenzweig interpretou a revolução bolchevique na Rússia à luz das esperanças de Dostoiévski, como uma sublevação que cumpre os últimos ensinamentos do cristianismo. Em consequência, atribuía a essa revolução o sentido de uma Redenção que ele precisava relacionar ao advento do reino messiânico[22].

Essa hipótese aguarda por ser verificada. Rosenzweig escreve, corretamente, que "é chegada da Rússia, de Aliocha Karamazov, uma renovação da força da fé e do amor[23]", mas nada prova que se trata aí de uma referência à Revolução Russa.

---

21 SE., p. 319. (Trad. francesa, p. 402.)
22 Op. cit., p. 51.
23 SE, p. 317. (Trad. francesa, p. 339.)

Devemos afirmar que na ocasião das conversas que tivemos com Gershom Scholem, em Jerusalém, no mês de dezembro de 1979, este exprimiu seu ceticismo diante de toda tentativa de unir a obra de Rosenzweig ao pensamento revolucionário. Como um dos seus mais argutos intérpretes escreveu:

a argumentação de Rosenzweig é excessivamente sutil. Embora a Redenção seja "antecipada" e "preparada" pela humanidade, ela tem uma dimensão final que a experiência humana não dá conta. Por essa razão, o agir sobre o plano ético não pode ser nada mais que o terreno de preparação da Redenção com a qual ele não se confunde[24].

Embora essa síntese surja como conveniente, parece que Rosenzweig foi ainda mais sutil e que haveria uma relação mais direta e mais potente entre o agir humano e a redenção divina. Ela aparece, por exemplo, na seguinte passagem de *A Estrela da Redenção*: "Deus [...] não é apenas aquele que é Redentor, mas também aquele que recebe a Redenção. Na Redenção, a do mundo pelo homem, e a do homem pelo mundo, Deus se dá Sua própria Redenção[25]". A redenção divina parece cumprir-se, ela mesma, *por meio do* agir humano no mundo, e o próprio Deus deve ser redimido pela humanidade. É muito importante ressaltar ainda que, para Rosenzweig – mas encontramos essa ideia também em Benjamin –, a Redenção transforma o mundo, porém não o transcende: ela é uma Redenção *no* mundo[26].

Logo depois de ter descoberto a obra-prima de Rosenzweig, Benjamin escreve o estranho e enigmático *Fragmento Teológico--Político*, que, segundo Adorno, foi redigido em 1937. Já Scholem está convencido – conforme nos argumenta – de que se trata de um texto bem anterior, provavelmente de 1920 ou 1921[27]. Com efeito, se considerarmos a surpreendente proximidade encontrada entre esse texto e os extratos de *A Estrela da Redenção* supracitados, seria mais exato dizermos que ele é de 1921-1922. O fato de Benjamin tê-lo dado a Adorno, em 1937, para que este

---

24 P. E. Gordon, op. cit., p. 202-203.
25 SE, p. 266. (Trad. francesa, p. 335.)
26 P. E. Gordon, op. cit., p. 234.
27 Ver a notícia relativa ao texto em GS II, 3, p. 947-948.

o lesse, é simplesmente a prova do seu interesse contínuo pelas questões teológicas, e particularmente por aquelas que eram mais próximas dos temas tratados por Rosenzweig.

Como Rosenzweig, Benjamin separa completamente o domínio dos acontecimentos históricos dos acontecimentos messiânicos: "é porque nenhuma realidade histórica pode, por si só, querer se relacionar com o plano messiânico". Mas logo depois ele constrói, acima desse abismo infinito, como que uma ponte dialética, preparando uma passagem sutil e por uma via estranha, que parece diretamente inspirada pelas passagens de *A Estrela da Redenção*. O *dinamismo* do profano – ou, para ser mais preciso, "a ordem profana do profano", equivalente à "ordem humana do mundo", de Rosenzweig – tende à "busca da felicidade da humanidade livre", de uma maneira muito similar às "obras de libertação" evocadas por Rosenzweig. Esse processo profano, essa procura pela felicidade, não contribui diretamente para "o advento do Reino messiânico", contudo ele é como uma força que, por sua trajetória, pode, ao mesmo tempo, favorecer a ação de outra força de uma trajetória oposta... A realidade física desse movimento permanece bem misteriosa, mas a conclusão de Benjamin consiste no seguinte paradoxo: "Se o profano não é, então, uma categoria desse reino, ele é uma categoria, e entre as mais pertinentes, da sua imperceptível aproximação[28]".

A linguagem de Benjamin é menos imperativa que a de Rosenzweig – trata-se de "categoria da imperceptível aproximação" no lugar de "condição prévia necessária" –, mas o movimento do espírito deles é idêntico: ambos propõem uma mediação entre as lutas de emancipação "profanas", históricas e mundanas dos homens e o cumprimento da promessa messiânica. É conveniente ressaltar que outros pensadores judeus alemães dessa época partilhavam de tais visões, como, por exemplo, o melhor amigo de Rosenzweig, Martin Buber, que, em sua obra de 1920, *Der heilige Weg* (O Caminho Sagrado), celebra "o messianismo ativo que prepara o mundo para o advento do reino de Deus[29]".

---

28 *GS II*, 1, p. 203-204. (Trad. francesa, *Oeuvres*, I, p. 263-264.)
29 *Deir heilige Weg. Ein Wort an die Juden und die Völker*, Frankfurt: Rütten und Loening, 1920, p. 36.

O INSTANTE MESSIÂNICO CONTRA O "PROGRESSO"

A expressão "ativismo messiânico" é utilizada por Gershom Scholem para descrever uma tendência herética do judaísmo – à qual pertence, notadamente, o grande cabalista do século xv, Joseph Della Reyna –, a do *Dochakei ha-ketz*, isto é, daqueles que "querem adiantar o advento do fim" (*Bedrängung des Endes*), *adiantar o advento do reino do Messias*[30]. Podemos reconhecer uma forma particular desse desejo ativo em certas passagens-chave de *A Estrela da Redenção*, em que ele é expresso no estilo vigoroso e sugestivo de Rosenzweig:

> Sem essa antecipação e a pressão interna para realizá-la, e sem "o desejo de fazer sobrevir o Messias antes do seu tempo" e a tentação "de violar o reino dos céus", o futuro não é um futuro, porém apenas um passado estendido sobre uma extensão infinita, um passado projetado para o antes. Pois, sem essa antecipação, o instante não é eterno, mas alguma coisa que se arrasta interminavelmente sobre longa rota estratégica do tempo.

Isso que nos é dado a ler aqui não é nada menos que uma concepção messiânica do tempo, na qual "cada instante deve ser preparado para recolher a plenitude da eternidade[31]".

O messianismo é confrontado, em uma discussão intensamente polêmica, com seu falso amigo – ou falso irmão –, a filosofia do progresso. Mais do que uni-los superficialmente em razão de pontos em comum, é necessário opô-los, e a primeira tarefa do "novo pensamento" é distinguir entre o curso infinito do progresso e a irrupção do instante messiânico:

na ideia de progresso, parece certo, numa primeira abordagem, que ao menos a conexão, o crescimento, a necessidade estejam vivos exatamente como na ideia do Reino de Deus. Mas muito rapidamente ela trai sua essência íntima por meio do conceito de infinitude; fala-se, assim, de um progresso "eterno" – em verdade não se visa a nada além de um progresso "infinito", um progresso que não para

---

30 G. Scholem, *Über einige Grundbegriffe des Judentums*, Frankfurt: Suhrkamp, 1996, p. 139-140.
31 SE, p. 253-254. (Trad. francesa, p. 320-321.)

de progredir mais e mais [...] então, nada choca mais essa autêntica ideia do progresso do que a possibilidade de que o "fim ideal" poderia e deveria, talvez, se realizar efetivamente no instante que vem e mesmo no instante-agora[32].

A melhor maneira de retomar a forte oposição entre essas duas concepções do tempo é identificar o xibolete – sinal característico de reconhecimento que permitia aos combatentes de uma terrível batalha, evocada no *Livro dos Juízes* (12,6), distinguir, pelo ouvido, o amigo do inimigo – que denuncia o adorador do progresso:

> Eis precisamente o xibolete, graças ao qual se pode distinguir entre o adorador autêntico do progresso e o crente do Reino, que emprega a palavra "progresso" exclusivamente para falar a linguagem do tempo, e que, na realidade, pensa no Reino: é esse que se defende ou não contra a perspectiva e o dever de antecipar o fim no instante que vem?[33]

Quem são, aos olhos de Rosenzweig, esses "adoradores do progresso" (*Fortschrittsanbeter*) tão duramente criticados e que resistem, com a maior energia, a toda tentativa de realizar seus fins, aqui e agora? Como é frequente em *A Estrela da Redenção*, nenhum nome é mencionado, e, antes, parece que Rosenzweig exprime ali uma desconfiança geral para com a filosofia do progresso histórico, mesmo se o emprego da noção de "fim ideal" for conotado e remetido ao coração neokantiano progressista que computava com frequência, em sua fileira de pensadores, simpatizantes da ala reformista da socialdemocracia alemã, como Paul Nathorp, Karl Vorländer e o próprio mestre reverenciado por Rosenzweig, Hermann Cohen.

Não há, em todo caso, nenhuma dúvida sobre o fato de que Rosenzweig acreditava, de alguma maneira, em um "messianismo ativo" capaz de precipitar o *Malkhut Schamaim*. Como poderíamos aqui chegar a isso? É evidente que o autor de *A Estrela da Redenção* não adotou as técnicas mágicas de um cabalista como Joseph della Reyna, e essa questão encontra duas respostas diferentes na obra sem necessariamente serem contraditórias.

---

32 Idem, p. 253. (Trad. francesa, p. 319.)
33 Idem, p. 253-254. (Trad. francesa, p. 319-320.)

A primeira surge nas páginas que seguem à passagem anteriormente citada: o advento do Reino será obtido por meio da ação (*Tat, Wirken*): "O agir da alma, inteiramente transformado em saber e em ato para o próximo dado já no instante, antecipa, apesar de tudo, por meio desse agir, o mundo inteiro no querer". Trata-se de qual ato? Do *ato de amor*:

e o crescimento do Reino no mundo, quando antecipa na esperança o fim já para o instante que vem – o que esse crescimento poderia esperar para esse instante senão o ato do amor? [...] Ali, onde o Reino avança no mundo a passos imprevisíveis, e onde cada instante deve estar pronto para acolher a plenitude da eternidade, o mais longínquo é aquele que se aguarda no instante mais próximo[34].

Rosenzweig não explica realmente o que entende por *ato de amor*, mas parece associá-lo a uma potência messiânica – o que Benjamin, bem mais tarde, designará como a "fraca potência messiânica" concedida a cada geração. Em outro capítulo de *A Estrela da Redenção*, ele sugere que o próprio Deus concedeu à humanidade a potência necessária para uma violenta intervenção redentora, por meio do livre ato de amor; escreve como se fosse possível

que o homem intervenha eficazmente no domínio da ação onde reinam o poder e o amor divinos. Com efeito, a Redenção não é nem obra nem ato imediato de Deus; pelo contrário, do mesmo modo que Deus deu à Criação a força de fazer crescer nela mesma a vida, da mesma maneira, em seu amor, libertou a alma para dar-lhe acesso à liberdade do ato de amor[35].

A segunda resposta pode ser encontrada na introdução "Da Possibilidade de Obter o Reino pela Prece", que é da terceira parte do livro:

Com efeito, é preciso acelerar a vinda da eternidade, é necessário de todo modo que ela possa vir já "hoje"; é apenas por aí que ela é eternidade. Se não existe tal força, se não existe uma prece que possa apressar a vinda do Reino, ele não virá eternamente – pelo contrário; eternamente, ele não virá.

---

34 Idem, p. 254. (Trad. francesa, p. 320-321.)
35 Idem, p. 297. (Trad. francesa, p. 374.)

A prece parece ser essa força misteriosa capaz de acelerar a sobrevinda do fim. A prece tirânica do fanático, a prece inútil do incrédulo não têm resultado: só a verdadeira prece do crente permite alcançar o objetivo mais elevado: "Adiantar o porvir, fazer da eternidade a coisa mais próxima, o hoje. Seria preciso que tal antecipação do porvir no instante fosse uma verdadeira transformação da eternidade em um hoje[36]".

A ação ou a prece? O ato de amor ou a ardente oração endereçada ao Redentor? Um e outro não se excluem mutuamente, mas têm consequências diferentes e de grande importância.

De modo bem interessante, reencontra-se, no começo dos anos de 1920, uma hesitação similar nos escritos de Walter Benjamin. Na primeira versão do seu livro *Rua de Mão Única*, publicado em 1928 mas escrito em 1923, o fragmento intitulado "Panorama Imperial, Viagem através da Inflação Alemã" descreve a situação dramática gerada pela pobreza nos anos de crise, caracterizados pela hiperinflação, que veio em seguida ao fim da Primeira Guerra Mundial. Segundo o autor, a vítima da miséria não deveria se resignar ao seu destino, antes deveria "manter seus sentidos em vigília, para perceber toda humilhação que lhe é infligida e assim disciplina-los durante bastante tempo, até que os seus sofrimentos tenham aberto não mais a rua em declive descendente do ódio, mas o caminho ascendente da prece[37]". Dois anos mais tarde, depois da importante guinada que foi para ele ao ter descoberto o marxismo, Walter Benjamin escreve uma nova versão dessa passagem substituindo o termo "ódio" pelo termo "pesar", e colocando a palavra "revolta" no lugar de "prece". Essa mudança semântica testemunha diferenças crescentes entre os itinerários dos dois pensadores. A despeito dessas diferenças, encontramos notáveis ecos do "ativismo messiânico" de Rosenzweig no último texto de Benjamin, que tem valor de testamento, as *Teses Sobre o Conceito de História*, escritas em 1939 e 1940, pouco tempo antes do seu suicídio em Port-Bou, nos confins da França e da Espanha. Encontramos nas *Teses*

---

36 Idem, p. 321-322. (Trad. francesa, p. 404-405.)
37 Einbahnstrasse, GS IV, 1 (*zweite Fassung*), e GS IV, 2 (*erste Fassung*), p. 97 e p. 931. (Tradução francesa modificada para restituir a primeira versão do texto: *Sens unique*, Paris: Les Lettres Nouvelles-Maurice Nadeau, 1978; mas a edição citada aqui é a de Paris: UGE, 2000, p. 124.)

não apenas ideias, mas também, por vezes, termos característicos de *A Estrela da Redenção*, mesmo que essa obra jamais seja mencionada ali. Estabeleceu-se, como vimos, que Benjamin se lembrou, no meio dos anos de 1930, do *Fragmento Teológico-Político*, escrito em 1922, e entregue à leitura de Adorno em 1937, que pensou tratar-se de um texto redigido recentemente. Teria ele também relido, no antigo exemplar que possuía, *A Estrela da Redenção*, quando escreve as *Teses Sobre o Conceito de História*?

Nada permite afirmar isso, mas não é absurdo imaginar que ele sentiu necessidade de retornar à obra de Rosenzweig desde o momento em que as questões de teologia judaica reencontraram um lugar central em seu próprio pensamento.

Vimos que Rosenzweig, visando provavelmente à escola neokantiana alemã, criticava os "adoradores do progresso" que, ao contrário dos "crédulos do Reino", inscrevem o "fim ideal" no curso de um tempo infinito. Na nota preparatória XVII A, inclusa numa das versões das *Teses*, Benjamin critica explicitamente o neokantismo social-democrata com argumentos bem similares, mesmo sendo eles expressos em uma linguagem marxista estranha a Rosenzweig: "Na ideia da sociedade sem classes, Marx secularizou a ideia de tempo messiânico. E isso foi muito bom. O desastre é insinuado desde quando a social-democracia elevou essa ideia à condição de "ideal". Esse ideal foi definido na teoria neokantiana, escola filosófica que inspirou o partido social-democrata – de Schimidt e Stadler até Natorp e Vorländer – como uma "empreitada infinita"[38].

A mesma polêmica áspera se desdobra na *Tese XIII* que toma diretamente, por objeto, a teoria do progresso:

> Em sua teoria, e, mais ainda, em sua prática, a social-democracia era guiada por uma concepção do progresso que não se prendia ao real, mas emitia uma pretensão dogmática. O progresso, tal como se pintava, na cabeça dos social-democratas, era primeiramente um progresso da própria humanidade (não apenas das suas atitudes e dos seus conhecimentos.) Era, em segundo lugar, um progresso ilimitado (correspondente ao caráter indefinido e perfectível da humanidade)[39].

38 GS I, 3, p. 1231.
39 GS I, 2, p. 700-701.

Em termos quase idênticos aos que se encontram em *A Estrela da Redenção*, Benjamin recoloca em questão a crença neokantiana – e social-democrata – no progresso que inscreve o "fim ideal" no curso de um tempo infinito e vazio. Contestando essa "ideia especificamente moderna do progresso", Rosenzweig lhe opõe a do "instante messiânico": cada instante pode recolher a plenitude dos tempos messiânicos. Mais uma vez, encontra-se aí um enunciado equivalente na *Tese XVII B* de Benjamin: "Sabe-se que era proibido aos judeus sondar o porvir [...] mas o porvir nem por isso se tornava, aos olhos dos judeus, um tempo homogêneo e vazio. Porque, para eles, cada segundo era a porta estreita pela qual o Messias poderia entrar"[40]. Traduzindo para a linguagem marxista da nota preparatória supracitada, isso significa que "na verdade, não há nenhum momento que não carregue consigo uma chance de revolução"[41]. O argumento de Benjamin é construído a partir da ideia de uma interrupção, pela revolução, da catástrofe do "progresso", porém ele considera, como Rosenzweig, que cada instante poderia provocar a chegada dos tempos messiânicos"[42].

Concluindo, é necessário nos interrogarmos para saber se podemos definir o que opõe Rosenzweig e Benjamin como a contraposição entre uma política teológica e uma teologia política[43]. Ou somos confrontados à oposição de um messianismo da prece a um messianismo da revolução? É possível retomar a relação entre esses dois pensadores ao recorrermos à alegoria que se encontra no *Fragmento Teológico-Político*: se considerarmos o pensamento de Rosenzweig como uma flecha indo em uma certa direção, pode-se dizer que ela favoreceu as reflexões de Benjamin, uma flecha indo na direção oposta.

40 GS I, p. 704. (Trad. francesa, *Oeuvres*, III, p. 443.)
41 GS I, 3, p. 1231.
42 Stéphane Mosès destaca outras similitudes bem sugestivas entre diferentes escritos de Rosenzweig – não somente *A Estrela da Redenção*, mas também uma carta de 1917, publicada na primeira edição de sua correspondência, em 1935 – e as *Teses Sobre o Conceito de História*, de Benjamin, como, por exemplo, a oposição entre o tempo vazio do relógio e o tempo do culto religioso. Cf. Walter Benjamin und Franz Rosenzweig, op. cit.,p. 96-97.
43 Gerard Bensussam, Sur quelques motifs rosenzweigiens chez Walter Benjamin, em Jean-Marc Lachaud (ed.), *Présence(s) de Walter Benjamin*, Bordeux: Service culturel de l'université Michel de Montaigne, 1994, p. 112.

4. Hannah Arendt e Walter Benjamin

Parece que Hannah Arendt e Walter Benjamin se conheceram já em Berlim (seu primeiro marido, Günther Stern, era primo de Gershom Scholem), mas é no exílio parisiense que esses dois refugiados do nazismo irão realmente estabelecer ligações de amizade profunda. Uma das primeiras referências ao encontro deles consta em uma carta de Benjamin a Scholem, de 25 de agosto de 1935: "Há algumas semanas, esteve aqui a esposa do seu primo, Hannah Stern, que agora está em Paris preparando o transporte de crianças à Palestina[1]".

Em 1936, Hannah Arendt conhece Heinrich Blücher (que viria a ser seu segundo marido) e começa a frequentar círculos marxistas. Discussões amistosas tiveram lugar na casa de Walter Benjamin, na rua Dombasle, 20, reunindo, em torno de uma xícara de chá, amigos comuns de H. Arendt e de H. Blücher: o jurista Eric Cohn-Bendit, o psicanalista Fritz Fränckel etc.

Durante o verão de 1938, H. Arendt escreve os dois últimos capítulos do seu livro sobre Rahel Varnhagen, sob a amigável pressão do seu companheiro e do seu amigo: "Acabei ficando

---

1 W. Benjamin; G. Scholem, *Briefwechsel 1933-1940*, Frankfurt: Suhrkamp, 1979, p. 205. (Trad. bras., *Correspndência*, São Paulo: Perspectiva, 1993, p. 230.)

muito irritada no verão de 1938, pois Heinrich e Benjamin não pararam de me importunar", escreve ela em uma carta a Jaspers[2].

Essa obra agradou a Benjamin, por sua característica não conformista, por sua ruptura com a ideologia da burguesia liberal judaica. Em uma carta a Scholem, de 20 de fevereiro de 1939, ele escreve:

> Sugeri a Hannah Arendt que lhe enviasse o manuscrito do seu livro sobre Rahel Varnhagen. Ela deve mandá-lo nos próximos dias.
> Esse livro me causou forte impressão. Ele nada, com fortes braçadas, contra a corrente do judaísmo edificante e apologético. Você, melhor do que ninguém, sabe que tudo o que havia para ler *bis dato* sobre "os judeus na literatura alemã" deixou-se levar por essa corrente[3].

É difícil determinar em que medida o trabalho de Benjamin, no decorrer dos dois anos seguintes, foi ou não influenciado pelo manuscrito de Hannah Arendt. Como sua pesquisa estava orientada para outro domínio (as passagens parisienses, e Baudelaire), é pouco provável que esse texto tenha sido uma referência direta para seus escritos. Mas não se pode excluir um impacto bem difuso sobre sua concepção do lugar do judeu na história alemã e europeia.

É ainda mais difícil de verificar se os dois capítulos redigidos por H. Arendt em 1938 devem alguma coisa aos escritos (ou à fala) de Benjamin. Segundo Elisabeth Young-Bruehl (a biógrafa de H. Arendt), o internacionalismo de Blücher e de Benjamin permitiu que ela tivesse um olhar mais amplo sobre o destino dos judeus, considerando que o destino deles desenhava, com precisão, o estado da sociedade em seu conjunto[4].

Sabe-se que Benjamin vivia na França de modo bastante precário. Em abril de 1939, em uma carta a Scholem, ele se refere a Hannah Arendt nos seguintes termos: "Aqui em Paris me deparei com o interesse de Hannah Arendt em ajudar-me. No entanto, não saberia dizer se os seus esforços terão algum

---

2 Carta de 7 de setembro de 1952, em H. Arendt; K. Jaspers, *Briefwechsel 1926-1969*, München: Piper, 1985, p. 233. (Trad. francesa, *Correspondance*, Paris: Payot, 1995, p. 283.)
3 *Briefe*, Frankfurt: Suhrkamp, 1966, p. 804. (Trad. bras., *Correspondência*, p. 329.)
4 Elisabeth Young-Bruehl, *Hannah Arendt*, Paris: Anthropos, 1986, p. 116-117.

resultado⁵". Com efeito, eles não tiveram resultado, mas essa carta permanece como uma testemunha comovente dessa "fraternidade entre párias" da qual falará Hannah Arendt. Alguns anos mais tarde, ao evocar a figura de Walter Benjamin em uma carta a Jaspers, ela o descreve como aquele que foi "nosso melhor amigo em Paris⁶".

Durante o inverno de 1939-1940, os Blücher passaram inúmeras horas discutindo com Benjamin a propósito dos escritos de Scholem sobre a mística judaica, ou sobre a nova conjectura política criada pela guerra. Em vista de sua eventual partida para os EUA, os três amigos decidem estudar inglês em conjunto⁷.

Internados pelas autoridades francesas – como "cidadãos alemães" – em diferentes campos (Gurs, Le Vernet), os três acabaram fugindo; Hannah Arendt se refugia em Marselha com Blücher, enquanto Benjamin, detido em Lurdes, envia-lhes cartas (em um francês impecável) marcadas por um sinal de estranho humor negro. Finalmente, eles se reencontram por uma última vez em Marselha, onde Benjamin confia à sua amiga alguns manuscritos preciosos – as célebres *Teses Sobre o Conceito de História* –, rogando a ela, encarecidamente, que os faça chegar a Theodor Wisegrund Adorno. Conhecemos o resto da história: com um pequeno grupo de refugiados, Benjamin tenta atravessar clandestinamente os Pirineus em direção à Espanha. Ao chegar a Port-Bou por meio dos aduaneiros espanhóis (franquistas!), que ameaçam entregá-lo à Gestapo, Walter Benjamin decide pelo suicídio, em 27 de setembro de 1940. Era, para retomar a expressão de Victor Serge, a "meia-noite no século".

Gershom Scholem toma conhecimento da novidade por meio de uma carta de Hannah Arendt (ainda em Marselha), de 21 de outubro. Alguns meses mais tarde, com Blücher, no momento em que atravessa, por sua vez, a fronteira (ela consegue tomar, com Blücher, um navio de Lisboa para os EUA), H. Arendt procura, em vão, o túmulo de Benjamin. Em uma carta

---

5 Carta de 8 de abril de 1939, *Correspondance 1929-1940*, tomo II, p. 292. (Trad. bras, p. 339.)
6 W. Benjamin, *Briefe*, p. 810 e H. Arendt; K. Jaspers, *Briefwechsel*, p. 77, carta de 30 de maio de 1946.
7 Carta de Benjamin a Scholem, de 11 de janeiro de 1940, *Briefe*, p. 846. (Trad. bras., p. 356.)

a Scholem, ela esboça uma pungente descrição do cemitério de Port-Bou: "O cemitério dá para uma pequena baía, diretamente em frente ao Mediterrâneo; está talhado num rochedo em terraços; os caixões também estão colocados em tais muros de pedra. É de longe um dos lugares mais fantásticos e mais lindos que vi na minha vida[8]".

Enquanto aguardavam seu navio em Lisboa, os Blücher liam em voz alta, para si mesmos, as *Teses* de Benjamin, e as liam para os refugiados com os quais tinham relações naquele momento. Eles discutiam sobre a significação desse texto messiânico, carregado de uma esperança desesperada. Mal desembarcam em Nova York, em maio de 1941, Hannah Arendt se apressa em remeter as *Teses* a Adorno, seguindo o último desejo do seu amigo. Ela escreverá, nos próximos anos, a Gershom Scholem para se lamentar da pouca prontidão do Instituto para a Pesquisa das Ciências Sociais em publicar os trabalhos de Benjamin (o que será feito em 1955)[9].

Em 1942, o Instituto para a Pesquisa das Ciências Sociais (exilado em Nova York) edita uma versão mimeografada das *Teses* destinada a uma circulação restrita. É essa versão "interna", por assim dizer, que Hannah Arendt citará em um capítulo crucial do seu livro de 1951 sobre as origens do totalitarismo, que trata de Hobbes e da concepção burguesa/imperialista do poder:

Esse processo de acumulação indefinida do poder, indispensável à proteção de uma acumulação indefinida do capital, suscitou a ideologia do fim do século XIX e prefigurou a ascensão do imperialismo. Isso não é a ilusão ingênua de um crescimento ilimitado da propriedade, mas a clara consciência de que só a acumulação do poder conseguia garantir a estabilidade das pretendidas leis econômicas, que restituíram o progresso inelutável. A noção de progresso do século XVIII, tal como a concebia a França pré-revolucionária,

---

8   Citado por Scholem em *Walter Benjamin. Die Geschichte einer Freundschaft*, Frankfurt: Suhrkamp, 1976, p. 281. (Trad. bras., *Walter Benjamin: História de uma Amizade*, São Paulo: Perspectiva, 1989, p. 223.)
9   E. Young-Bruehl, op. cit., p. 210-217. Encontra-se ainda, em seus papéis, conservados pela Biblioteca do Congresso de Washington, uma cópia das *Teses* que ela guardou para si.

fazia apenas a crítica do passado para melhor dominar o presente e controlar o futuro; o progresso encontrava seu apogeu na emancipação do homem. Mas essa noção continuava longe do progresso sem fim da sociedade burguesa, que não só se opunha à liberdade e à autonomia do homem, mas que também está disposta a sacrificar tudo e todas as leis históricas pretensamente sobre-humanas. "O que chamamos progresso, é o vento... que impele irresistivelmente [o anjo da história] em direção ao futuro, ao qual ele dá as costas, enquanto diante dele o amontoado de ruínas se eleva aos céus". É somente no sonho de Marx de uma sociedade sem classes que, conforme as palavras de Joyce, iria despertar a humanidade do pesadelo da história, que uma última influência – embora utópica – do conceito do século XVIII ainda aparece[10].

Essa passagem, de uma impressionante potência crítica, ressalta os elementos de *afinidade eletiva* entre a *démarche* histórica de Hannah Arendt e a de Walter Benjamin: *uma crítica implacável à burguesia e a recusa das ilusões do progresso*. Isso é mais evidente na versão inglesa de 1951 que na alemã de 1955 (produto de uma reescritura pela própria autora), em que o laço entre a acumulação de capital, a acumulação de poder e a noção burguesa de progresso é substituído por um argumento mais fraco sobre a "necessária instabilidade (*notwendige Unstabilität*)" do Estado, que exige "um reforço permanente do poder" (*einen dauernden Machtzuwachs*.) A referência a Marx e à utopia da sociedade sem classes também desaparece em 1955. Em contrapartida, nos deparamos, nas duas edições, logo depois da citação de Benjamin, com uma nota muito interessante:

Os imperialistas eram plenamente conscientes das implicações do seu conceito de progresso. Para o autor (perfeitamente representativo), membro dos Serviços Civis na Índia, e que escreve sob o pseudônimo de A. Carhill: "Deve-se sempre executar alguma punição para essas pessoas esmagadas pelo carro triunfal do progresso"[11].

10 *The Burden of Our Time*, London: Secker and Warburg, 1951, p. 143 (*L'Impérialisme*, Paris: Fayard, 1982, p. 43-44. Na nota 39 da tradução, encontramos a seguinte referência: Walter Benjamin, *Über den Begriff der Geschichte*, New York: Institut für Sozialforschung, 1942, mimeografado.
11 *Elemente und Ursprünge totaler Herrschaft* (1955 auf Deutsch erschienen), Frankfurt: Europäische Verlaganstalt, 1962, p. 223-224 (*Les Origines du totalitarisme, L'Impérialisme*, v. 2, Paris: Seuil, coll. Points, 2005-2006, p. 299).

Trata-se aqui de outra dimensão comum aos dois pensadores: *a intenção deliberada de escrever a história do ponto de vista dos vencidos* – no livro de H. Arendt, as vítimas do imperialismo e do totalitarismo, do racismo e do antissemitismo. A imagem do progresso como carro triunfal que esmaga inúmeras vítimas, já estava nas *Teses* de Benjamin. Hannah Arendt voltará a essa questão muitas vezes em sua obra, por exemplo, em um pós-escrito a *La Vie de l'esprit* (A Vida do Espírito) (1977), em que ela rejeita a célebre tese hegeliana que faz da *Weltgeschichte* (História Universal) o *Weltgericht* (Juízo Final):

> A faculdade de julgamento é uma capacidade que se ocupa do passado, e o historiador é o ser humano que estuda o passado e que, na medida em que o narra, exerce sobre ele um julgamento. Se é assim, podemos, em uma certa medida, recuperar nossa dignidade humana emancipando-a da pseudodivindade da modernidade e reivindicar, de modo diferente, uma história com nomes. [...] O velho Caton [...] deixou-nos uma frase curiosa, na qual o princípio político dessa recuperação é tomado em sábias palavras: *Victrix causa deis placuit, sed victa Catoni* (a causa dos vencedores agrada aos deuses, a dos vencidos, a Caton)[12].

Não há dúvida, então, de que as *Teses Sobre o Conceito de História* eram uma referência importante para Hannah Arendt no momento em que ela redigia o que é provavelmente sua obra mais influente. Isso não quer dizer que ela partilhava de todas as observações de Benjamin em seu texto, que suscitava, aliás, de sua parte, certa perplexidade; na versão de 1955 do livro, encontramos, na mesma nota já mencionada, antes da referência a um certo "A. Carhill", esse breve comentário:

> Essas intuições essenciais e outras semelhantes se encontram nas *Teses Sobre o Conceito de História*, um documento dificilmente compreensível – mas passível de diferentes interpretações – porque lançado sobre o papel de forma deliberadamente fragmentária, que foi publicado na forma mimeografada pelo Instituto para a Pesquisa das Ciências Sociais no decorrer do ano de 1942, e tornado acessível a um pequeno círculo de amigos de Benjamin[13].

---

12 *Das Urteilen: Texte zu Kants politischer Philosophie*, Ronald Beiner (hrsg.), München: Piper, 1982, p. 16.
13 *Elemente und Ursprünge totalen Herrschaft*, p. 224.

Apesar do interesse pelos trabalhos do seu amigo, é apenas em 1968 que Hannah Arendt decidirá escrever alguma coisa mais substancial sobre sua vida e obra. A ocasião será o prefácio à edição norte-americana de uma coletânea de ensaios de Benjamin[14]– texto retomado em seu livro *Men in Dark Times* (Homens em Tempos Sombrios)[15]. Esse texto, de uma grande beleza, terá um impacto significativo sobre a recepção da obra do seu amigo nos EUA e na Alemanha. Ele descreve a imagem de Walter Benjamin como um indivíduo singular e incomparável, que possuía "o raro dom [...] de pensar poeticamente" (*die äusserst seltene Gabe... dichterisch zu denken.*) Por meio dessa fórmula brilhante, que retorna muitas vezes nesse ensaio, Hannah Arendt toca, com uma profunda intuição, uma dimensão essencial da obra de Benjamin, que constitui, sem dúvida, uma das razões da fascinação profunda que este exerce ainda hoje. Ela mostra ainda que o autor do qual ele era mais próximo, por seu estilo e espírito, era Kafka, com quem dividia "uma prosa com [...] uma proximidade mágica e encantada da realidade" (*eine Prosa von... zauberhafter und verzauberter Realitätsnähe*[16]).

Entretanto, três aspectos surpreendem por estarem ausentes nesse ensaio: por um lado não encontramos nele quase nenhuma referência *pessoal* a Benjamin, aos laços de amizade deles, às suas conversas, às suas trocas políticas ou filosóficas durante o exílio parisiense; mesmo para descrevê-lo fisicamente, ela lança mão ao testemunho de um terceiro (Max Rychner). Deve-se atribuir isso a certo pudor ou a um esforço deliberado de distanciamento?

Por outro lado, o ensaio não discute as observações políticas de Benjamin sobre história. Para compreender essa estranha lacuna, é necessário levar em consideração o seguinte argumento enunciado por H. Arendt:

A filosofia de Walter Benjamin – com essas palavras não lhe honramos de modo algum; por certo, ele estudou filosofia, mas tinha,

---

14 *Illuminations*, New York, 1968.
15 New York: Harcourt, Brace & World, 1968. (Trad. francesa: *Vies politiques*, Paris: Gallimard, 1974.)
16 *Walter Benjamin, Bertold Brecht: Zwei Essay*, München: Piper, 1971, p. 22 e 24, Trata-se de uma versão, traduzida e corrigida por H. Arendt, do artigo norte--americano de 1968.

acerca desse assunto, uma opinião tão pouco favorável quanto Goethe. Entre os quatro livros começados mas não terminados, que ele planejou antes da catástrofe hitleriana – o *Das Passagen-Werk* (Passagens), *Literarische Essays* (Ensaios Sobre Literatura), as *Briefe* (Cartas) e uma obra *Über Haschich* (Sobre o Haxixe) –, nenhum deles pode ser designado como filosóficos ou teórico, em nenhum sentido dessas noções.

Em uma nota de rodapé, ela acrescenta: "O único texto estritamente filosófico importante – após as tentativas de juventude – são as páginas de teoria crítica do conhecimento do prefácio de *Origem do Drama Barroco Alemão*[17]".

Essa afirmação me parece dificilmente sustentável, a menos que se reduza a filosofia à sua forma "tradicional", sistemática (de Aristóteles a Hegel): o estilo filosófico de Benjamin é o aforístico, como o de Nietzsche e Adorno. É precisamente a unidade íntima entre a magia poética de um lado (tão bem percebida por H. Arendt) e a profundidade teórica de outro que caracteriza o estilo totalmente estranho e fascinante de Benjamin, notadamente em certos textos como as *Teses* – sem dúvida um dos grandes textos *filosóficos* do século XX.

Terceira ausência notável: o momento *utópico* e *messiânico judeu* no pensamento de Benjamin, onipresente nas *Teses*, mas também em outros escritos do último período. A esperança de uma civilização humana, de uma vida liberta do sangue e do horror era, para Benjamin, segundo uma carta de 1935 citada por H. Arendt, "terrivelmente incerta". Ela acrescenta o seguinte comentário: "Ninguém exprimiu isso mais claramente que Benjamin nas *Geschichtsphilosophischen Thesen* (Teses Filosóficas de História)[18]". Isso é verdade, mas se as *Teses* insistem sobre a imprevisibilidade do porvir, é para afirmar igualmente que, na concepção judaica do tempo, "cada segundo era a porta estreita pela qual o Messias podia entrar[19]". Esse aspecto não é levado em conta por H. Arendt.

A primeira parte do ensaio, intitulada "Le Bossu" (O Corcunda), é, sobretudo, uma comovente biografia de Benjamin,

---

17 Idem, p. 17-18.
18 *Vies politiques*, p. 148.
19 W. Benjamin, Sur le concept d'histoire, *Oeuvres*, III, Paris: Gallimard, 2000, p. 443. (Folio Essais.)

sob a dupla insígnia da falta de sorte e da falta de jeito, alegoricamente representadas pelo "pequeno corcunda" das canções infantis alemãs, mencionado por Benjamin em seu ensaio sobre Kafka. Porém, já encontramos aí certos elementos de interpretação da obra, especialmente no que concerne à relação do escritor com o marxismo. Antes de tudo, H. Arendt constata, com ironia e *finesse*: "Benjamin foi provavelmente o marxista mais singular produzido por um movimento que teve, no entanto – e quanto! –, sua porção de singularidades". Ela acrescenta, com razão, que a adesão de Benjamin ao marxismo de forma alguma o levou a abandonar as posições que tinha em seus escritos de juventude. Mais discutível, por outro lado, me parece o seguinte argumento: "Até que ponto os trabalhos de Benjamin se afastaram do marxismo e do materialismo dialético, é o que atesta a figura que se tornou central para eles [os trabalhos], a do *flâneur*[20]".

Essa afirmação negligencia o fato de que Benjamin tentou interpretar o *flâneur* do ponto de vista do marxismo (heterodoxo e idiossincrático, é evidente). Assim, no capítulo intitulado "O *Flâneur*", do ensaio *Das Paris des Second Empire bei Baudelaire* (Paris do Segundo Império em Baudelaire), ele cita uma passagem de *A Situação da Classe Trabalhadora na Inglaterra*, de Friedrich Engels: "Essa indiferença brutal, esse isolamento insensível de cada indivíduo no seio dos seus interesses particulares, são mais repugnantes e ofensivos quando o número desses indivíduos confinados nesse espaço reduzido é maior". E acrescenta, algumas linhas mais adiante, o seguinte comentário: mais o ser humano "toma consciência que seu modo de existência lhe é imposto do alto pela organização da produção – em outros termos, mais ele se proletariza –, e mais ele será transido pelo hálito gelado da economia mercantil, e menos ele terá desejo de se identificar por 'intropatia' com a mercadoria[21]".

Por outro lado, se é verdade que a figura do *flâneur* ocupa um lugar importante nos textos em torno de Baudelaire e das

---

20 W. Benjamin, B. Brecht, p. 20; *Vies politiques*, p. 258-259.
21 *Charles Baudelaire. Un poète lyrique à l'apogée du capitalisme*, Paris, Payot, 1982, p. 86-87. Cf. Das Paris des Second Empire bei Baudelaire, GS I, 2, p. 560-561

passagens parisienses, me parece, todavia, que não saberíamos fazer dela a principal chave das alegorias benjaminianas, como o propõe Hannah Arendt – por exemplo, ao apresentar o Anjo da história da nona das "Teses" como a "última transformação" desse *flâneur*. O *olhar* do *flâneur* que passeia na multidão sem objetivo, e o do Anjo que assiste aterrorizado à catástrofe do passado, são tão afastados quanto possível um do outro. A interpretação implicitamente sugerida em 1951 (no livro sobre o totalitarismo) me parece bem mais pertinente: o Anjo da história representaria o ponto de vista do historiador que se identifica com as vítimas, com aqueles que são esmagados pelo "carro triunfal do progresso"[22].

A segunda parte do ensaio, "Die finsteren Zeiten" (Os Tempos Sombrios), não é, ao contrário do que poderíamos crer por causa desse título, um estudo sobre Benjamin no contexto histórico do fascismo na Alemanha e na Europa. Trata-se antes de uma brilhante análise do conflito de geração – *anterior a 1933* – entre os intelectuais judeus da *Mitteleuropa* (Benjamin, Kafka) e seus pais, membros dessa burguesia judaica assimilada que negava a realidade do antissemitismo. Reencontramos aqui, em um contexto particular, a diferenciação entre judeus párias e "novos ricos", que constitui o fundamento da concepção, profundamente original e *subversiva*, que Hannah Arendt possuía da história judaica.

Ela mostra a seguir, de forma muito clara, que o *sionismo e o comunismo* eram, para os intelectuais judeus dessa geração, as únicas formas de rebelião disponíveis. O caso de Benjamin foi singular, na medida em que ele desejava preservar os dois caminhos abertos: o que conduz a Moscou e o que leva a Jerusalém. O que importava a ele nos dois casos eram o fator *negativo* (mais que o programa "positivo"), a crítica às condições existentes, a recusa às ilusões e imposturas burguesas[23].

O que atraia Benjamin ao marxismo? Se na primeira parte do ensaio H. Arendt oferece uma explicação um tanto quanto demasiadamente limitada – "O que o fascinava do ponto de vista teórico era o conceito, apenas esboçado por Marx, da

---

22 *Origines du totalitarisme*, v. 2, *L'Impérialisme*, p. 299.
23 *W. Benjamin, B. Brecht*, p. 44; e *Vies politiques*, p. 286.

superestrutura"²⁴ –, nessa segunda parte ela propõe uma análise mais profunda e significativa: "O que o seduzia no marxismo, e precisamente em sua forma revolucionária comunista, era a radicalidade de uma crítica que não se contentava com análises de relações existentes limitadas ao presente, mas levava em conta a totalidade da tradição espiritual e política"²⁵. Com efeito, a crítica da tradição cultural e política dos vencedores é o centro da reinterpretação do materialismo histórico por Benjamin – que exige, por um movimento dialético complementar, o salvamento (*Rettung*) da tradição dos vencidos, desde a revolta dos escravos de Spartacus até os spartakistas alemães de 1919, passando pelas barricadas de junho de 1848, a Comuna de Paris e a figura de Blanqui, "cujos acentos do bronze abalaram o século XIX"²⁶.

A terceira parte, "O Pescador de Pérolas", examina o método de Benjamin, seu estilo de escritura nova e original: a coleção de citações no lugar da transmissibilidade (*Tradierbarkeit*), que se tornou impossível pela crise da tradição. Hannah Arendt descreve esse procedimento com o auxílio de uma imagem esplêndida: como o pescador que vai ao fundo do mar para arrancar pérolas e corais das profundezas para trazê-los, como fragmentos do mundo submarino, à superfície do dia, Benjamin mergulha nas profundezas do passado para trazer ao dia fragmentos (*Denkbruchstücke*) e "fenômenos originários" (*Urphänomene*) – no sentido goethiano do termo, revisto e corrigido por Benjamin em *Origens do Drama Barroco Alemão*²⁷.

O paralelo que ela esboça entre esse método e o de Heidegger, que consiste em conduzir fragmentos do passado ao presente graças à "'violência' da interpretação", isto é, "à força assassina" das ideias novas, é interessante. Mas a conclusão que ela tira dessa comparação, a saber, de que Benjamin "teria, no fundo, sem sabê-lo, muito mais em comum [com Heidegger] que com as sutilezas dialéticas dos seus amigos marxistas", me parece pouco convincente²⁸.

---

24 W. Benjamin, B. Brecht, p. 18.
25 Vies politiques, p. 289.
26 Über den Begriff der Geschichte, GS I. 2, p. 700. (Trad. francesa: Sur le concept d'histoire, Oeuvres, III, p. 438.)
27 W. Benjamin, B. Brecht, p. 62; e Vies politiques, p. 305-306.
28 Vies politiques, p. 300.

Uma comparação entre a passagem do livro *Origens do Totalitarismo* (1951), citada mais acima, e o ensaio sobre Benjamin, de 1968, testemunha a fascinação duradoura que exerceu, sobre o pensamento de H. Arendt, o documento que seu amigo lhe havia confiado em Marselha, em 1940, mesmo que sua interpretação do texto possa ter se modificado consideravelmente no decorrer desse período. Mas não é esse o destino dos escritos que elevam um pensamento poético a ser dedicado à multiplicidade de leituras e exegeses?

◆ ◆ ◆

Cada um a seu modo – necessariamente diferente –, Walter Benjamin e Hannah Arendt ilustram a magnitude e a lucidez da *consciência pária* dos intelectuais judeus da *Mitteleuropa*. Ambos possuem, no mais alto grau, essas *Pariaqualitäten* (qualidades párias) das quais Arendt fala a propósito de Rahel Varnhagen, em uma carta a Jaspers:

> Existem aí muitas coisas positivas, tudo que sintetizo no termo qualidades párias e que Rahel denomina de "verdadeiras realidades da vida" – "o amor, as crianças, as árvores, a música"; isso dá o troco extraordinariamente sensível às injustiças; suscita uma enorme ausência de preconceitos e da generosidade; e proporciona, já bem menos seguramente, o respeito pelas "coisas do espírito"[29].

---

29 H. Arendt; K. Jaspers, *Briefwechsel*, p. 236. (Trad. francesa, *Correspondance...*, p. 287.)

5. Walter Benjamin e Manès Sperber

os intelectuais judeus – alemães e austríacos – e o percurso em direção ao abismo

Somos surpreendidos, nas reações de intelectuais judeus de cultura alemã em face do "percurso em direção ao abismo" dos anos de 1930, pela notável mescla entre uma lucidez extraordinária e uma enorme cegueira. Walter Benjamin e Manès Sperber, ambos judeus assimilados – mas pouco dispostos a abandonar sua identidade judaica – e próximos da esquerda europeia, ilustram, cada um à sua maneira essa contradição.

Filósofo e crítico, nascido em 1892, amigo de Gershom Scholem e de Bertold Brecht, ao mesmo tempo atraído pelo messianismo judaico e pelo materialismo histórico, Walter Benjamin ocupa um lugar único na brilhante constelação de intelectuais judeus da Europa central da primeira metade do século XX.

Ele se distingue da maioria dos seus contemporâneos pelo caráter precoce de suas intuições – trata-se certamente de intuições e não de uma previsão qualquer – sobre a catástrofe que se prepara. Isso vale em particular para seu artigo de 1929: "O Surrealismo: Último Instantâneo da *Intelligentsia* Europeia".

Entre as "iluminações profanas" – o termo é de Benjamin – das quais esse ensaio é rico, nenhuma é tão surpreendente, tão *estranha* – no sentido do *unheimlich* (sinistro) alemão –, por sua força premonitória, que o apelo urgente à "organização do pessimismo".

Nada parece mais derrisório aos olhos de Benjamin que o *otimismo* dos partidos liberais e da social-democracia, cujo programa político nada mais é que um "péssimo poema de primavera". Contra esse "otimismo sem consciência", esse "otimismo de diletantes", inspirado pela ideologia do progresso linear, ele descobre, em seu *pessimismo*, o ponto forte do surrealismo[1]. É evidente que não se trata de um sentimento contemplativo e fatalista, mas de um *pessimismo ativo, prático*, inteiramente estendido para o objetivo de impedir, por todos os meios possíveis, a ascensão do *pior*. Nesse contexto, ele recupera do escritor surrealista e marxista dissidente Pierre Naville a palavra de ordem *organização do pessimismo*.

Em que consiste o pessimismo dos surrealistas? Benjamin se refere a certas "profecias" e ao "pressentimento" de certas "atrocidades" na obra de Apollinaire e Aragon: "As editoras são tomadas de assalto, os livros de poesia são destruídos, os poetas, massacrados". O que impressiona nessa passagem, não é apenas a previsão exata de um acontecimento que efetivamente irá se produzir seis anos mais tarde – o auto de fé dos livros "antialemães", pelos nazistas, em 1934: basta acrescentar as palavras "autores judeus" (ou antifascistas) depois de "coletâneas de poemas" –, mas também, e *sobretudo,* a expressão utilizada por Benjamin (e que não se encontra nem em Apollinaire nem em Aragon) para designar essas "atrocidades" "um *pogrom* de poetas"… Trata-se de poetas ou de judeus? A menos que não sejam, ambos, ameaçados por esse porvir inquietante. Como veremos mais adiante, esse aqui não é o único estranho "pressentimento" desse texto rico em surpresas.

Conforme Walter Benjamin, a situação da Europa e do mundo exige, da parte dos revolucionários, uma radical desconfiança:

Pessimismo sobre toda filiação. Sim, por certo, e totalmente. Desconfiança quanto ao destino da literatura, desconfiança quanto ao destino da liberdade, desconfiança quanto ao destino do homem

---

[1] Le Surréalisme: Dernier instantané de l'intelligentsia européenne, *Oeuvres*, II, Paris: Gallimard, 2000, p. 125.

europeu, mas, acima de tudo, três vezes desconfiança com respeito a toda aliança: entre classes, entre povos, entre indivíduos.

E acrescenta o seguinte comentário irônico: "E confiança ilimitada somente na I. G. Farben* e no aperfeiçoamento pacífico da Luftwaffe (Força Aérea)"[2].

Sua visão pessimista/revolucionária permite que Benjamin perceba – intuitivamente, mas com uma estranha exatidão – as catástrofes que aguardavam a Europa, perfeitamente resumidas pela frase irônica sobre a "confiança ilimitada". É claro, mesmo ele, o mais pessimista de todos, não poderia perceber as destruições que a Luftwaffe iria infligir às cidades e populações civis europeias; e poderia imaginar ainda menos que a I. G. Farben, apenas doze anos mais tarde, iria se tornar ilustre pela fabricação do gás Ziklon B, utilizado para "racionalizar" o genocídio, nem que suas fábricas iriam empregar centenas de milhares de mão de obra concentracionária. Entretanto, único entre todos os pensadores judeus daqueles anos, Benjamin teve a premonição dos monstruosos desastres que a civilização industrial/burguesa poderia parir. Somente por esse parágrafo, esse ensaio de 1929 ocupa um lugar à parte na literatura crítica ou revolucionária do entreguerras.

Exilado em Paris a partir de 1933, Benjamin irá acompanhar com inquietude o desenvolvimento do fascismo na Europa. Próximo aos meios antifascistas de esquerda, ele dará, em 1934, uma conferência sobre "O Autor Como Produtor" ao Institut pour l'Étude du Fascisme (Infa), criado em Paris por Willy Münzenberg, com o auxílio de Arthur Koestler, Manès Sperber e de outros intelectuais judeus exilados. Entretanto, o nazismo não ocupa um lugar central em seus escritos.

*   A I. G. Farben, abreviatura de Interessen-Gemeinschaft Farbenindustrie AG (Associação de Interesses da Indústria de Tintas S.A.), foi um conglomerado de empresas formado em 1925 e, de certa forma, até mais cedo, durante a Primeira Guerra Mundial. A I. G. Farben deteve um monopólio quase total da produção química na Alemanha Nazi. *Farben* significa, em alemão, "tintas", "corantes" ou "cores" e, inicialmente, muitas dessas empresas produziram tinturas, porém, em breve, começaram a se dedicar a outros setores mais avançados da indústria química. A fundação da I. G. Farben foi uma reação à derrota da Alemanha na Primeira Guerra Mundial. Antes da guerra, as empresas de tintas alemãs tinham uma posição dominante no mercado mundial, que perderam durante o conflito. Uma solução para retomar essa posição foi através da fusão das empresas. Cf. http://tradutor.babylon.com/portugues/Ig%20farben/. Acesso em: 7.8.2011 (N. da T.).

2   Le Surréalisme, op. cit., p. 132.

É em seu testamento filosófico, as *Teses Sobre o Conceito de História* (1939-1940), que ele irá novamente dar provas de uma lucidez extraordinária. É nesse momento, quando eclode a Segunda Guerra Mundial, que aparece em seus escritos, literalmente, a imagem do *percurso em direção ao abismo*: "Marx disse que as revoluções são as locomotivas da história. Mas talvez elas sejam algo diferente. Talvez as revoluções sejam a mão da espécie humana, que viaja nesse trem e puxa o freio de emergência"[3]. No mesmo texto se encontra a alegoria do anjo da história:

Lá, onde nosso olhar parece escalonar uma sequência de acontecimentos, ele [o anjo] não vê mais do que um único [acontecimento] que se oferece aos seus olhos: uma catástrofe sem modulação nem trégua, amontoando os escombros e projetando-os eternamente diante dos seus pés. O anjo bem que gostaria de inclinar-se sobre esse desastre, tratar dos ferimentos e ressuscitar os mortos. Mas uma tempestade vinda do Paraíso se levantou; ela inflou as asas abertas do anjo; e ele não conseguiu mais dobrá-las. Esta tempestade o transporta para o futuro ao qual o anjo não para de dar as costas enquanto os escombros, à sua frente, acumulam-se até o céu. A essa tempestade damos o nome de Progresso[4].

Benjamin não poderia prever que os anos seguintes iriam ver se acrescentar à pilha de escombros uma nova e imensa catástrofe, talvez a mais atroz da história da humanidade: Auschwitz, o genocídio moderno. Retido pela polícia, em agosto de 1940, na fronteira espanhola, ameaçado de ser entregue à Gestapo, Walter Benjamin preferiu suicidar-se com uma dose de ópio entregue a ele, algumas semanas antes, por seu amigo – um antigo colaborador da Infa – Arthur Koestler.

Totalmente outro é o itinerário de Manès Sperber, escritor e psicólogo. Sperber é conhecido na França sobretudo por sua trilogia romanesca de 1949-1952: *Et le buisson devint cendre* (E a Sarça Tornou-se Cinza), *Plus profond que l'abîme* (Mais Profundo que o Abismo), *La Baie perdue* (A Baia Perdida); e por sua magnífica autobiografia de 1974, *Ce temps-là* (Naquele

---

3 GS, Frankfurt: Suhrkamp, 1972, I. 3, p. 1232. (Notas preparatórias para as *Teses Sobre o Conceito de História*.)
4 Sur le concept d'histoire, em *Écrits français*, com apresentação de J.-M. Monnoyer, Paris: Gallimard, 1991, p. 343-344. (Bibliothèque des idées.)

Tempo), também em três volumes, mas no espaço limite desse artigo, iremos nos ocupar sobretudo dos seus escritos de 1930.

Nascido em 1905, em Zablotow, na Galícia – a província polonesa do Império austro-húngaro –, Manès Sperber realiza seus estudos em Viena, onde adere ao *Haschomer Hatzair*, movimento de jovens sionistas de esquerda. Torna-se, no decorrer dos anos de 1920, discípulo do psicólogo – freudiano dissidente – Alfred Adler, com quem partilha o ardente desejo de "destruir a vontade de potência"[5]. No mesmo período, aproxima-se do partido comunista alemão, sem parar, nem por isso, de sonhar com uma "ordem sem autoridade" (*autoritätslose Ordnung*). Exilado em Paris depois da subida de Hitler ao poder, Sperber trabalha, em 1934-1935, no Institut pour l'Étude du Fascisme (Infa), de Willi Münzenberg. Ele é o principal organizador da grande exposição internacional sobre o fascismo coordenada pelo Infa em 1934. É possível que tenha cruzado, nesse momento, com Walter Benjamin, mas nenhuma de suas respectivas biografias indica isso explicitamente.

Como outros exilados judeus da Europa central, Manès Sperber quer compreender as raízes psíquicas do nazismo. Enquanto Wilhelm Reich tenta explicar a psicologia das massas do fascismo, Erich Fromm, o medo da liberdade, e Theodor Adorno – com o auxílio de Horkheimer e Herbet Marcuse –, a personalidade autoritária, Sperber explora as bases psicológicas da tirania.

Redigido em Viena, em 1937, no momento em que, enojado com o processo stalinista, rompe com o partido comunista, o ensaio *Zur Analyse der Tyrannis* (Para Análise das Tiranias) se propõe, a partir da psicologia adleriana, a compreender a adesão de tantos indivíduos na Europa aos regimes de vocação totalitária – como a Alemanha hitleriana. Rejeitando as teorias psicológicas inspiradas por Gustave Le Bon, que consideram as massas como necessariamente devotadas à irracionalidade, Sperber tenta dar conta dos mecanismos que permitiram aos poderes tirânicos modernos ganhar um amplo apoio popular. O demagogo promete aos átomos egoístas, que compõem a massa, o retorno à infância graças à falta de

---

5   M. Sperber, *Alfred Adler, der Mensch und seine Lehre*, München: Verlag J. F. Bergmann, 1926, p. 37-38.

responsabilidade. Aposta, assim, na necessidade, das massas, de um salvador, de um deus sobre a terra, sobretudo em tempo de crise. Por outro lado, não é por acaso que os tiranos modernos se estabelecem principalmente nos países que só obtiveram tardiamente sua unidade nacional: os projetos de dominação mundial são uma supercompensação para os sentimentos de inferioridade nacional[6].

Pouco depois, em 1938, Sperber junta-se a Willi Münzenberg, Arthur Koestler e a outros amigos para criar uma revista socialista independente, *Die Zukunft* (O Futuro), que terá tão somente uma existência efêmera (até 1939). Ele prossegue, em artigos bem interessantes dessa revista, sua pesquisa sobre as dimensões psicológicas do fascismo. Em um texto intitulado "O Tempo do Aviltamento" (*Zeit der Erniedrigung*), ele examina a síndrome da angústia criada pelo terror totalitário, "o efeito do aviltamento", "essa depravação do caráter, à qual todo um povo foi submetido durante o Terceiro Reich", esse "estranho afastamento em face de si mesmo que é a doença das massas confrontadas à tirania". O terror acabou sendo interiorizado: "O horror produzido sistematicamente pelos opressores, uma vez liberado, penetra no sistema da consciência e do inconsciente. Cria novos automatismos, novos comportamentos que permitem aos oprimidos se adaptar à pressão constante. Isso pode se tornar familiar, a angústia neurótica das massas"[7].

Walter Benjamin e Manès Sperber tentaram, cada um a sua maneira, lutar com sua pena e suas ideias contra o Terceiro Reich. Eles previram ou analisaram os perigos que representava o nazi-fascismo para os povos europeus. Mas nenhum dos dois, judeus assimilados de cultura alemã, percebeu o perigo que constituía o Terceiro Reich para a própria existência dos judeus da Europa. Esse era o ponto cego, o impensável, o impensado por essa notável cultura judaica da Europa central.

---

6 *Die Tyrannis und andere Essays aus der Zeit der Verachtung*, München: DTV, 1987, p. 56-58.
7 Die Zeit der Erniedrigung, fevereiro de 1939, em *Die Tyrannis und andere Essays*, p. 106-107. Ver também o ensaio de Albrecht Betz, L'Oeuvre de publiciste de Manès Sperber à la fin des années 30, em *Présence de Manès Sperber*, Publications de l'Institut allemand d'Asnières, 1992.

6. Ernst Bloch e Georg Lukács

um encontro em Heidelberg, em 1910

Nascidos no mesmo ano, em 1895, Ernst Bloch e Georg Lukács estão entre as figuras mais notáveis da corrente romântica e revolucionária-utópica da cultura judio-alemã.

A *Weltanschauung* – como protesto cultural contra o desencantamento do mundo e a quantificação dos valores sociais na civilização moderna proveniente do capitalismo industrial – dominava a cultura alemã na virada do século XX, não somente na literatura e em outras artes, mas também nas *Geisteswissenschaften*.

Embora ela tenha tomado formas conservadoras ou regressivas, a *Zivilisationskritik* romântica podia ser também progressista e utópica. Não é surpresa que a maioria dos escritores que pertenceram à tendência revolucionária do romantismo era de origem judaica.

O círculo de Max Weber em Heidelberg – constituído de um grupo de amigos que tinha o hábito de se encontrar na residência do grande sociólogo alemão, de 1908 até 1918, e onde se achavam personalidades tais como Georg Simmel, Ferdinand Tönnies, Werner Sombart, Roberto Michels, Ernst Troeltsch, Ernst Bloch e Georg Lukács – era um dos principais centros oficiais da cultura romântica tal qual poderia se encarnar nas

Geisteswissenschaften. Foi em Heidelberg, e graças à sociabilidade intelectual oferecida pelo círculo de Max Weber, que Ernst Bloch e Georg Lukács travaram amizade, em particular no decorrer dos anos entre 1910-1916, e puderam escrever seus primeiros livros importantes, *Geist der Utopie* (O Espírito da Utopia) do primeiro, publicado em 1918, e *A Teoria do Romance*, do segundo, publicado em 1916. Foi também no curso desses anos, passados em Heidelberg, que eles se interessaram, por um breve período, pela cultura e religião judaicas.

O sociólogo judeu-alemão Paul Honigsheim descreveu o etos do círculo de Max Weber, do qual era membro, em um livro de memórias intitulado *On Max Weber*, publicado em 1968, e que traz um testemunho bastante esclarecedor:

> Antes mesmo do começo da Primeira Guerra Mundial, em diferentes meios, o modo de vida burguês, a cultura urbana, a racionalidade instrumental, a quantificação, a especialização da ciência, e muitas outras coisas consideradas então como odiosas, fizeram a matéria de um movimento de afastamento […] do qual Lukács e Bloch tomaram parte. Esse neorromantismo – supondo que essa denominação seja pertinente – sofria a influência do primeiro romantismo por numerosos canais, ainda que dissimulados. […] Em suas variadas formas, o neorromantismo estava representado também em Heidelberg […] e aqueles que estavam ali reunidos sabiam em qual porta era preciso bater: a de Max Weber[1].

Georg Lukács era filho de um rico banqueiro judeu de Budapeste, Joseph Löwinger. Mas se essa ascendência familiar judaica não foi muito importante para sua formação (*Bildung*), a cultura alemã, para o essencial, acabou sendo. Lukács era a tal ponto fascinado pelo romantismo que, entre 1907-1908, formou o projeto de um livro que deveria se chamar *Le Romantisme du XIX siècle* (O Romantismo do Século XIX). Seu primeiro livro, publicado em 1910, que reúne ensaios sob o título de *Die Seele und die Formen* (A Alma e as Formas), toma essencialmente como tema escritores ligados ao romantismo ou ao "neorromantismo", e esses eram Novalis, Theodor Storm, Stefan George e Paul Ernst.

---

1 New York: Free Press, 1968, p. 79. Uma tradução das passagens citadas encontra-se em Michael Löwy, *Pour une sociologie des intellectuels révolutionnaires*, Paris: PUF, 1976. Nós a modificamos aqui.

Ernst Bloch nasceu em uma cidade industrial alemã de Ludwigshafen que abrigava a sede da I. G. Farben, porém ele se dirigia frequentemente à cidade vizinha, Mannheim, lugar memorável pela cultura. Ele evoca, mais tarde, em uma entrevista autobiográfica[2], a profunda impressão que sentia diante do contraste entre sua cidade natal que dava a ver, "a descoberto, a visão atroz e impiedosa do capitalismo tardio" – a qual fazia da estação ferroviária o símbolo da natureza da vida moderna (*Bahnhofshaftigkeit*) –, e a antiga cidade situada na margem oposta do Reno – "herdeira da parte mais brilhante da época medieval". Leitor ávido de Schelling desde sua adolescência, Bloch estudou em Berlim sob a direção de Georg Simmel. Apesar de já ter encontrado Lukács antes, tanto em Berlim como em Budapeste, é só depois de 1910, quando ambos com a instigação de Bloch se intalam em Heidelberg, que se unem por uma amizade íntima.

Durante os anos que passaram em Heidelberg, de 1910 a 1915, uma espécie de "simbiose ideológica" unirá esses dois jovens "sinfilósofos" (o termo é de Bloch) em um utopismo ético e messiânico comum. O *Geist* (espírito) que partilhavam era admiravelmente exposto em um divertido epigrama, cujo autor era o filósofo neokantiano Emil Lask, e que circulava em Heidelberg: "Quais são os nomes dos quatro evangelistas? Mateus, Marcos, Lukács e Bloch"[3]. Foi Lukács quem revelou a Bloch o universo religioso de Mestre Eckhart, de Kierkegaard e de Dostoiévski – autores que se tornariam três fontes essenciais para sua evolução intelectual. No entanto, observadores dessa época tiveram, às vezes, a impressão de que, dos dois, Bloch era aquele que influenciava o outro. Paul Honigsheim descreve ambos assim: "Ernst Bloch, judeu apocalíptico, porém semicatólico, e seu discípulo da época, Georg Lukács"[4]. Marianne Weber, na biografia que consagrou a seu esposo, descreve Lukács com bastante respeito e admiração como um jovem filósofo "animado por uma esperança escatológica, fundada na expectativa de um novo emissário de um deus transcendente", buscando a salvação "em

---

2 Em *Tagträume vom Aufrechten Gang. Sechs Interviews mit Ernst Bloch*, Arno Münster (hrsg.), Frankfurt: Suhrkamp, 1978, p. 21-22.
3 Devemos essa anedota a Karl Jaspers, em suas "Heidelberger Erinnerungen" (Memórias Heidelbergerianas), publicadas no *Heidelberge Jahrbuch*, 5, 1961, p. 5.
4 Der Max Weber Kreis in Heidelberg, *Kölner Vierteljahrschrift für Soziologie*, 5 Jahrg., Heft 3, 1926, p. 284.

uma ordem social socialista criada pela fraternidade"⁵. Ela faz alusão também a Bloch, porém em termos mais irônicos, como "um novo filósofo judeu que, evidentemente, pensava-se como o precursor de um novo Messias"⁶. Honigsheim descreve as ideias de Bloch como "uma combinação de elementos católicos, gnósticos e apocalípticos, à qual se juntaria uma teoria coletivista da economia"⁷.

Se considerarmos isso em Bloch, na entrevista autobiográfica que mencionamos, a identidade de suas visões com as de Lukács era tal, nessa época, que se encontravam na situação de vasos comunicantes. Eles aprendiam um do outro e mantinham à parte – encerradas em uma "reserva natural" –, e por meio de alguns artifícios, suas raras diferenças⁸.

Até que ponto eram, um e outro, produtos de uma cultura específica *judaica e alemã*? Embora fossem extremamente assimilados e fragilmente herdeiros da tradição judaica, é possível verificar em seus escritos e nas correspondências daqueles anos, elementos realmente assaz significativos de *misticismo* ou de *messianismo* judeu, que certamente contribuíram para a orientação apocalíptica e revolucionária-utópica do pensamento de ambos. Apesar de os componentes judaicos tenderem ao desaparecimento em seus escritos marxistas mais tardios, é impossível compreender como eles entraram no campo de atração do marxismo e da Revolução Russa sem essa herança messiânica.

Poderíamos até dizer que o messianismo judaico deles foi superado – *aufgehoben* no sentido hegeliano do termo – em suas *obras* marxistas tardias.

Como muitos outros intelectuais da Europa central, Lukács descobriu o universo intelectual do judaísmo místico, com a leitura dos livros de Martin Buber consagrados ao hassidismo. Em 1911, escreveu a Buber para demonstrar admiração por sua obra, em particular pelo livro *Die Legende des Baal-Schem* (A Lenda do Baal Schem)*, publicado em 1908, que aclama como um livro "inesquecível". A correspondência entre os dois dura

---

5 *Max Weber, ein Lebensbild*, Tübingen: Mohr, 1976, p. 474.
6 Idem, p. 476.
7 Der Max Weber Kreis in Heidelberg, op. cit., p. 28.
8 Ver Entrevista com Ernst Bloch, infra, p. 171.
* Trad. bras., São Paulo: Perspectiva, 2003 (N. da T.).

até 1921 – época em que Lukács já era um dirigente, exilado, do partido comunista húngaro – e as cartas que trocaram, de novembro a dezembro de 1916, sugerem que se encontraram em Heppenheim, cidade alemã onde então residia Buber. Lukács publicou um artigo sobre o livro de Buber em uma revista húngara de filosofia, na qual compara o Baal-Schem a Mestre Eckhart e a Jacob Böhme. Esse artigo, intitulado "Misticismo Judeu", que foi o único escrito por Lukács sobre um tema tocante ao judaísmo – e que ele nunca traduziu nem o apresentou novamente –, atribuía uma grande importância ao hassidismo na história moderna das religiões: "O movimento hassídico, cuja primeira grande figura foi o Baal-Schem e a última foi o Rabi Nakhman, era um misticismo primitivo e pulsante, o único que foi grande e autêntico desde o misticismo alemão da Reforma e o misticismo espanhol da Contrarreforma"[9].

Também podemos encontrar provas do interesse de Lukács pela obra de Buber e pelas relações entre hassidismo e messianismo nos diários íntimos que ele mantém nessa época. Entretanto, a testemunha mais interessante com relação à atenção de Lukács no que diz respeito ao judaísmo e ao messianismo pode ser verificada no diário redigido por um dos seus melhores amigos, o judeu húngaro Bela Balázs: ali se encontra, em 1914, a seguinte entrada: "A grande novidade filosófica de Gyuri (Lukács) [...]: o *messianismo*. Gyuri descobriu o judeu que está nele! A busca dos antepassados. A seita hassídica, o Baal-Schem. Doravante, ele também descobrirá seus ancestrais, sua raça, mas eu, eu estou só e abandonado. A teoria de Gyuri sobre a emergência e a reemergência de um tipo judeu, o asceta antirracionalista, antítese do que se descreve habitualmente como judeu[10]".

Como outros intelectuais judeus alemães, Lukács era, em primeiro lugar, atraído pelos momentos "românticos" encontrados na tradição judaica, na medida em que eles se opunham à imagem racionalista do judaísmo divulgada pela *Haskalá*, a elite judaica liberal, e pelos sociólogos alemães – como Weber e Sombart. Nas extraordinárias *Dostojewski Notizen und Entwürfe* (Notas Sobre Dostoiévski) – redigidas em 1915 e publicadas em

9 "Zsido mysztticizmus", publicado na revista húngara *Szillem*, n. 2, 1911, p. 256-257.
10 Notes from a Diary (1911-1921), *New Hungarian Quarterly*, n. 47, 1972, p. 173.

1985[11] – ele concede uma atenção totalmente particular aos movimentos messiânicos judeus "heréticos", como aqueles encarnados por Sabatai Tzvi e Jacob Frank, os mesmos que, alguns anos mais tarde, iriam realmente fascinar Gershom Scholem.

Seria, portanto, errôneo considerar que as inclinações messiânicas do jovem Lukács têm exclusivamente uma origem judaica. Seu conhecimento dos textos da tradição judaica, à exceção do Antigo Testamento, eram bem limitados, e sua orientação apocalíptica se devia um tanto, e até mais, ao misticismo eslavo e a Dostoiévski. Seja como for, o comentário de Balázs – "Gyuir descobriu o judeu nele" – revela-se interessante, pois em grande quantidade dos seus escritos e das suas entrevistas autobiográficas, Lukács sempre denegou todo vínculo entre o seu pensamento e o judaísmo.

O (pres)sentimento apocalíptico de Lukács foi intensificado pela Primeira Guerra Mundial, que percebeu como o mais profundo do abismo, como "a era do pecado absoluto" (*Das Zeitalter der vollendeten Sündhaftigkeit*) – uma expressão de Fichte que ele irá retomar em *A Teoria do Romance*, de 1916. Em uma das *Notas sobre Dostoiévski* escritas nessa época, ele relaciona essa expressão de Fichte à doutrina judaica que enuncia que "o Messias não poderia vir senão em uma era de impiedade absoluta". Apesar de não haver a questão do Messias em *A Teoria do Romance*, o último capítulo do livro, consagrado a Tolstói e a Dostoiévski, distingue-se por uma esperança utópica, a qual, de uma maneira tipicamente romântica, é apresentada como uma restauração da grande forma épica – correspondente a uma idade da harmonia total entre o indivíduo e a comunidade, entre o homem e o universo.

Lukács vê, nos grandes escritores russos, profetas e precursores de uma nova harmonia e de um novo *epos*:

> Em Tolstói, podemos ver um pensamento para uma nova época da história mundial, mas no simples nível da contestação, da nostalgia e da abstração. Com as obras de Dostoiévski, esse mundo novo se encontra pela primeira vez definido, longe de toda oposição contra o que existe, como pura e simples visão da realidade. [...] Ele pertence ao mundo novo e só a análise formal de suas obras poderá

---

11 Budapeste: Akademai Kiado.

mostrar se ele já é o Homero ou o Dante desse mundo [...] e é só então que a interpretação histórico-filosófica terá por tarefa dizer se estamos efetivamente no ponto de abandonar o estado de perfeita culpabilidade, ou se simples esperanças anunciam unicamente o começo de uma nova era[12].

A guerra foi também o início do afastamento, que deverá ir crescendo, entre Lukács e o círculo de Heidelberg, cujas principais personalidades, em primeiro lugar Max Weber, defendiam o imperialismo alemão – afastamento que testemunha, por exemplo, Georg Simmel, em uma carta endereçada a Marianne Weber, de 14 de agosto de 1914, na qual ele passava a se lamentar do antimilitarismo de Lukács, que imputava à sua "falta de experiência[13]".

Ernst Bloch também ficou chocado com a reação patriótica dos sociólogos membros do círculo de Heidelberg, no momento do desencadeamento da guerra. E tanto ele como Lukács deixaram a cidade alguns meses mais tarde. Durante os anos da guerra, Bloch escreve seu primeiro livro de maior importância, *O Espírito da Utopia*, editado em 1918, que acaba sendo uma das manifestações mais significativas do romantismo revolucionário moderno.

Muitas vezes criticou-se o estilo hermético, esotérico e, antes de tudo, expressionista desse livro. Esse estilo é, no entanto, inseparável do conteúdo da obra, pois, assim como afirma Adorno quando teve a oportunidade de comentá-la, a filosofia de Bloch é antes de tudo expressionista na medida em que é um protesto contra a reificação do mundo[14]. *O Espírito da Utopia* também tem a ver com o expressionismo, por ser uma combinação explosiva de *Zivilisationskritik* romântica radical, de sensibilidade artística "modernista" e de abertura à utopia social-revolucionária.

O primeiro elemento é o mais marcante: desde o começo da obra se abre uma crítica amarga sobre o maquinismo e sobre a "frieza técnica" considerada responsável pelo "assassinato gene-

---

12 *Théorie du roman*, Paris: Gallimard, 1989, p. 155. (Colletion "Tel".)
13 Kurt Gasser; Michael Landmann (hrsg.), *Buch des Dankes an Georg Simmel. Briefe, Erinnerungen, Bibliographie zum seinen 100. Geburtstag am 1 März 1958*, Berlin: Duncker und Humblot, 1958, p. 77.
14 Traces de Bloch, *Notes sur la littérature*, Paris: Flammarion, 1984, p. 164.

ralizado da imaginação" (*dringend Phantasiemord*) e por uma produção mecanizada mortífera e humilhante para o homem. Ela é seguida de um hino à glória da arte gótica, esse "ser espiritual mais profundo" que produz uma "transcendência orgânica e espiritual" e que é superior à própria arte grega, pois ela faz do homem, enquanto Cristo, "a medida alquímica de toda construção".

Bloch utilizava termos de consonância religiosa com a finalidade de desenvolver suas observações estéticas, filosóficas e utópicas. Sua espiritualidade religiosa retratava sua inspiração em fontes cristãs – o *Apocalipse* de João, Joaquim de Fiore, os místicos e os heréticos da época medieval – bem como judaicas – o Antigo Testamento, em particular as visões proféticas de Isaías, a cabala, o hassidismo e os escritos de Martin Buber.

A primeira edição de *O Espírito da Utopia*, publicada em 1918, contém numerosas referências a conceitos da cabala (a *Schekhiná*, o *Adam Kadmon*) e a cabalistas judeus, como Meir Ibn Gabbaï, e cristãos, como Franz Joseph Molitor.

A relação de Bloch com o judaísmo era complexa. Um dos raros textos em que desenvolve explicitamente suas observações a esse respeito está no capítulo "Símbolo: Os Judeus", que figura na primeira edição de *O Espírito da Utopia*, mas que, assaz curiosamente, foi suprimido da segunda, editada em 1923. Nesse texto, Bloch rejeitava, simultaneamente, o assimilacionismo da burguesia judaica não crente e a atitude do gueto tradicional na Europa central. Ele considerava, da mesma maneira, o sionismo como algo desinteressante, pois o sionismo deseja, "com um conceito de Estado-Nação, que só era válido de modo bastante efêmero no século xix, fazer da Judeia um tipo de Estado balcânico da Ásia". Entretanto, Bloch valorizava a herança histórica do povo dos *Salmos* e dos *Profetas* e estava encantado com a recente revelação da "alegria de ser judeu". Segundo ele, a religião judaica tinha a vantagem essencial de ser construída sobre a noção de Messias, sobre "o chamado do Messias". Em consequência, ele atribuía aos judeus, em cooperação com alemães e russos, um papel crucial na preparação da "época absoluta", a do "nascimento de Deus e do messianismo"[15].

---

15 "*Symbole les Juifs*" Un Chapitre oublié de L'Esprit de l'utopie, Paris: Editions de l'éclat, 2009, p. 140, 154, 157. Para uma análise desse texto, ver o prefácio de Raphaël Lellouche, "Les Juifs dans l'utopie".

A significação política, anticapitalista e antimilitarista da obra, que podemos qualificar de romântica, surge, essencialmente, em seu último capítulo intitulado "Kark Marx, a Morte e o Apocalipse", em que Bloch denuncia a Guerra mundial como produto do capitalismo – "uma guerra, nua, de empresários" – e deposita suas esperanças em uma revolução social que "arranca da boca do Golem do militarismo europeu o papel da vida"[16]. A obra, escrita durante a Revolução de 1917, aclamou a formação dos conselhos de trabalhadores e de soldados – os sovietes – na Rússia, em fevereiro de 1917, como destruidora da economia monetária e da "ética mercantil" – "o coroamento de tudo aquilo que, no homem, é celerado" –, manifestando, assim, uma intuição política surpreendente da parte de um autor, mais familiarizado com as diversas doutrinas relativas à transmigração das almas que dos programas de diferentes movimentos socialistas[17].

Depois de um breve período de hesitação, Lukács, assim como Bloch, torna-se partidário entusiasta da Revolução de Outubro – que determinou um engajamento que iria durar por toda sua vida. Essa escolha esteve, para cada um deles, em relação estreita com suas esperanças messiânicas e aspirações românticas e utópicas.

Ao contrário de Georg Lukács, Ernst Bloch nunca se uniu ao movimento comunista, mas simpatizava com seus objetivos. Em 1921, enquanto a Alemanha parecia estar às vésperas de uma nova sublevação, ele publica *Thomas Münzer, als Theologe des Revolution* (Thomas Münzer como Teólogo da Revolução), obra que celebra a Revolução Russa, de 1917, como herdeira dos movimentos heréticos e milenaristas de outrora e de suas grandes figuras, dos cátaros aos hussitas, de Münzer a Tolstói – incluindo ainda os cabalistas de Safed, que, no século XVI, ao norte do lago de Tiberíades, aguardavam "o Messias vingador, o destruidor do império atual e do papado [...], o restaurador do *Olam ha-Tikun* [o mundo da reparação], o verdadeiro reino de Deus"[18].

---

16 *Geist der Utopie* (Erste Fassung, 1918), Frankfurt: Suhrkamp, 1971, p. 396.
  Conforme uma antiga lenda judaica, o Golem, monstro fabricado por um rabino de Praga, tira sua energia vital de um papel sagrado inserido em sua boca o qual contém o nome explícito (*Ha-Schem ha-Meforasch*) do Senhor.
17 Idem, p. 298.
18 *Thomas Münzer, théologien de la révolution*, Paris: Julliard, 1964, p. 84, 263-264.

Ao prestar homenagem à tradição revolucionária alemã – oriunda do movimento anabatista de Thomas Münzer e das guerras camponesas do século XVI –, Bloch esperava contribuir para a futura revolução social na Alemanha, na qual percebia a sobrevinda em termos messiânicos. As últimas páginas da obra fazem referência ao "tempo que retorna" na Alemanha e na Rússia, e ao "novo messianismo se preparando". Em uma curiosa linguagem visionária e alegórica, de inspiração judaica, ele evoca a "princesa Sabat", dissimulada atrás de uma fina muralha rachada enquanto "erguida sobre os escombros de uma civilização arruinada, eis então que se eleva o espírito da indestrutível utopia[19]".

A fé de Bloch na iminência do *millenium* é o ponto central de suas considerações político-religiosas: "É impossível que não aconteça o tempo do reino: existe nesse tempo que irradia, em nós, um espírito que recusa toda desistência, que ignora toda decepção"[20].

Thomas Münzer é um livro romântico, não apenas em razão de sua espiritualidade herética e milenarista, mas também por causa de sua referência a uma época idealizada da comunidade. Tanto quanto os camponeses anabatistas, Bloch celebra "as comunidades livres" do início da Idade Média, enraizadas em antigas tradições germânicas e formando "uma espécie de comunismo agrário, bastante apropriado às exigências cristãs"[21]. Por oposição às aspirações comunitárias dos camponeses em rebelião do século XVI, o calvinismo, "como foi brilhantemente mostrado por Max Weber", anuncia o início de uma economia capitalista que "se encontra totalmente liberta, desatada, alforriada de todos os escrúpulos do cristianismo primitivo". Nessa perspectiva, a sociologia weberiana do protestantismo, que Bloch seguramente estudou em Heidelberg, está completamente descontextualizada para servir a uma condenação cristã-comunista do capitalismo[22].

A trajetória de Lukács em direção ao marxismo foi bastante complexa e deu-se por intermédio de Dostoiévski e de

---

19 Idem, p. 306.
20 Idem, ibidem.
21 Idem, p. 227.
22 Idem, p. 177.

Sorel. No decorrer do ano de 1918, provavelmente sob influência da Revolução Russa, o messianismo de Lukács toma uma coloração mais política e se articula em maior grau a suas ideias revolucionárias. Em uma conferência pronunciada naquele ano – intitulada "Idealismo Conservador e Idealismo Progressista"[23] –, Lukács rendeu homenagem ao movimento anabatista, que tanto inspirou o *Thomas Münzer*, de Bloch, e enunciou seu próprio imperativo: "Façamos descer ao instante o reino de Deus sobre a terra". Finalmente, em dezembro de 1918, publica um artigo intitulado "O Bolchevismo enquanto Problema Moral"[24], no qual apresenta o proletariado como "o portador da redenção social da humanidade" e como "a classe social-Messias da história do mundo". O messianismo, doravante "secularizado", se funde com a revolução social, que Lukács admitia como um levante total, e em escala mundial.

Algumas semanas mais tarde, Lukács reunia o partido comunista húngaro e se tornava, no curso da breve República húngara dos Conselhos de 1919, comissário do povo para a educação e cultura. No exílio, após a derrota da revolução húngara, primeiro em Viena e depois na Alemanha, ele publicou, em 1923, a que é geralmente considerada como sua obra mais importante, *História e Consciência de Classe*. Ernst Bloch fez uma crítica favorável ao livro do seu amigo, que destaca suas afinidades intelectuais: "O conceito metafísico global (*das metaphysique Gesamtthema*) da História é apreendido, no livro de Lukács, por meios bem diferentes daqueles de *O Espírito da Utopia*, mas os conteúdos das duas obras estão inteiramente de acordo"[25]. Se essa formulação é certamente de extremo exa-

---

23 O título exato é *Debate Sobre o Idealismo Conservador e o Idealismo Progressista. Intervenção* ou seja *A konservativ es progressiv idealismus vitaja. Hozzaszolas, Huzszadik Szazad*, 1918, 1 köt, reeditado em Georg Lukács, *Utam Marxhoz, Valogatoot Filozofiai Tanulmanyok* (Meu Caminho até Marx: Ensaios Filosóficos Escolhidos), Budapeste, Magvoto, Könivkyado, 1971, v. 1, tradução em M. Löwy, op. cit., p. 301-307.
24 *A bolsevizmus mint erkölcsi problema*, Szabat Gondolat, dezembro de 1918, reeditado em Gyorgy Litvan; Lazlo Szucs, *A Szociologia elsö magyar mükolye*, Valogatos, Budapeste, Tarsalomtydomanyi Könyvtor, Gondolat, 1973, v. 2, tradução em M. Löwy, op. cit., p. 308-312.
25 *Aktualität und Utopie. Zu Lukács' Geschichte und Klassenbewusstsein* (1923), *Philosophische Aufsätze zur objektiven Phantasie*, Frankfurt: Suhrkamp, p. 620.

gero, não é menos verdade que as duas obras têm em comum muitos elementos, em especial a crítica romântica à civilização industrial. O tema principal da obra de Lukács, que consiste na análise da *reificação* (*Verdinglichung*) capitalista em todas as esferas da vida social – econômica, política, jurídica e cultural –, combina, de maneira única e singular, a teoria econômica marxista e a sociologia "neorromântica", proveniente do círculo de Heidelberg e representada por autores como Tönnies, Simmel ou Weber. Ao escrever, por exemplo, que a ética protestante – que supõe uma completa transcendência das potências objetivas (o *Deus abscondidus* e a predestinação) que dão forma ao destino humano – "representa, de maneira mitologizante, mas em sua forma mais pura, a estrutura burguesa da consciência reificada"[26], Lukács reformula, de fato, e como convém a ele em uma nota de rodapé, a clássica tese de Weber. Do mesmo modo que Bloch, ele faz um uso bastante livre da análise weberiana, substituindo sua "neutralidade axiológica" por uma crítica marxista ao capitalismo.

No fim dos anos de 1920, os caminhos seguidos pelos dois amigos progressivamente divergiam. Enquanto as obras ulteriores de Bloch – especialmente o *opus* monumental que é *O Princípio Esperança*, publicado entre 1954 e 1959 – contêm ainda bastante dessa combinação única de crítica romântica da civilização, de especulações místicas judaico-cristã e de utopia comunista, Lukács evoluiu em direção a uma forma mais clássica e mais ortodoxa de filosofia – e particularmente de estética – marxista que o conduziu a rejeitar, em uma "autocrítica", *História e Consciência de Classe* como uma obra "idealista". No decorrer dos anos de 1930, um debate público opunha-os a propósito da significação do expressionismo, incensado por Bloch como progressista e rebelde, mas condenado por Lukács como pequeno-burguês e reacionário. É apenas mais tarde, nos anos de 1960, que deverá acontecer, de novo, uma espécie de uma reconciliação entre os dois "sinfilósofos" de Heidelberg.

Em todo caso, seus escritos inspiraram certas formas mais radicais de pensamento político, filosófico, estético e teológico do século XX, da escola de Frankfurt à teologia da libertação.

---

26 *Histoire et conscience de classe*, Paris: Editions de Minuit, 1960, p. 237. Modificamos a tradução.

7. Victor Basch e Bernard Lazare

dois intelectuais dreyfusianos

Victor Basch e Bernard Lazare representam, de modo singular e pessoal, os dois polos da cultura judaica europeiadavirada do século XIX para o XX: as *Luzes* – isto é, a fé na razão, na ciência, no progresso e nos avanços da civilização, valores encarnados na França pela República – e o *romantismo*, ou seja, o protesto contra o desencantamento do mundo e a degradação cultural e social resultantes da civilização burguesa moderna. É como partidário do *Aufklärung* que o primeiro se tornará um dos principais animadores da Liga dos Direitos do Homem, ao passo que o segundo encontrará um terreno privilegiado para o exercício da crítica romântica da sociedade, no movimento simbolista e libertário. Entretanto, os dois foram muito sensíveis, muito abertos, muito heréticos para se instalar em um sistema dogmático e não levar em conta as riquezas da "outra" visão das coisas. E, sobretudo, a diferença em sua formação cultural e em suas opções filosóficas e políticas, não os impediu de lutar juntos pela grande causa democrática da época: o Caso Dreyfus.

Com efeito, os dois se engajaram, como irmãos de armas, no combate pela justiça e verdade, no combate pela reabilitação do capitão. Ambos estiveram, cada um à sua maneira, na vanguarda do movimento dreyfusiano, e partilharam, amigavelmente, os momentos intensos e os períodos difíceis dessa longa batalha. Os dois eram sensíveis à dimensão judaica do Caso, mas para um, Basch, o homem das Luzes, tratava-se, antes de tudo, de uma luta pelos Direitos do Homem; para o outro, Bernard Lazare, o romântico libertário, o Caso tinha tudo a ver com a defesa do indivíduo contra a arbitrariedade do Estado e dos militares.

Ambos foram socialistas, porém de modo bem diferente: Basch, estava próximo da social-democracia alemã de tendência neokantiana, no Partido de Jaurès, que se considerava como herdeiro dos valores republicanos da Revolução Francesa; já Lazare era das fileiras da corrente libertária extraparlamentar animada por Charles Péguy ou Jean Grave, que rejeitava, em bloco, a sociedade burguesa e seu Estado.

Finalmente, os dois tinham atração pelo sionismo: Victor Basch de modo bastante episódico e distante, enquanto Bernard Lazare se engajara plenamente no movimento – mas apenas durante alguns anos (1897-1899).

Voltemos mais no tempo, de forma mais detalhada, sobre as convergências e diferenças entre essas duas figuras excepcionais – pela coragem e coerência do seu engajamento – de intelectuais judeus dreyfusianos.

◆ ◆ ◆

Nascido em Budapeste, em 1863, de cultura alemã, porém educado na França – licenciatura em filosofia na Sorbone –, Victor Basch é, pela sua formação e espírito, um homem das Luzes. Mas sua referência, sua fonte, é mais ligada ao *Aufklärung* alemão, em sua dimensão universal, que ao século XVIII francês. Sua tese de doutorado é testemunha dessa tendência: consagrado à estética de Kant, o estudo apresenta como o lugar da harmonia entre a esfera da sensibilidade e a da inteligência.

Como para vários outros intelectuais judeus dessa geração, Kant será a origem do engajamento socialista de Victor Basch. Aos seus olhos, a moral do filósofo de Koenigsberg é "totalmente impregnada do ideal socialista, visto que, malgrado seu vestuário individualista, ela é uma ética social (*Gemeinschafts-*

-*Ethik*)". A célebre fórmula do imperativo categórico – tratar os outros humanos como fins e não como meios – significa "a condenação, sem apelo, de todo regime da livre concorrência que trata a maioria dos homens, toda a classe proletária, como instrumento, como máquinas, como meios de enriquecimento e jamais como pessoas morais, como fins em si". Victor Basch, saudando o grande pensador kantiano judeu alemão, Hermann Cohen – com algum exagero –, como "o pai de todo socialismo alemão", se regozija com a palavra de ordem "retorno a Kant", proclamada por Bernstein, e com a adesão dos principais filósofos neokantianos alemães ao socialismo: Paulsen, Stammler, Natorp, Staudiger, Vorländer[1].

Essa adesão profunda e sincera a uma versão socialista do *Aufklärung* corresponde, de modo totalmente natural, a uma desconfiança – mesclada de certa fascinação – do que ele chama de "as alucinações mórbidas" do romantismo. De Kant a Schelling – no qual ele reconhece, contudo, as geniais fulgurações" –, "a filosofia se transforma em arte, o pensamento claro e distinto dá lugar à visão e é o reino dos mistagogos que se abre". Opondo ao classicismo da Renascença e das Luzes um retorno à Idade Média, os românticos alemães descobrem por toda natureza os "mistérios, as tenebrosas e inexplicáveis influências". Trata-se, em última análise, de uma tentativa de reencantamento do mundo: "O mundo ameaçado por espíritos, fantasmas, kobolds*, ondinas, que têm exorcizado o racionalismo, desperta do seu sono secular e recomeça a guiar suas rondas fantásticas. O Universo está de novo assombrado"[2].

É a partir de sua profunda crença na marcha do *progresso* na história humana que Victor Basch rejeita a filosofia social romântica, não somente alemã, mas europeia. Desde Rousseau até Carlyle, os românticos partilhavam um mito comum: a idealização de uma harmonia primitiva e a crítica à civilização como causa da dissonância, do antagonismo entre os sentimentos e as

---

1 *L'Individualisme anarchiste. Max Stirner*, Paris: Félix Alcan, 1904, p. 215-216. Cf. também Françoise Basch, *Victor Basch. De l'affaire Dreyfus au crime de la milice*, Paris: Plon, 1994, p. 29.
* Na mitologia germânica, espécie de espírito da natureza ambivalente, que prega peças e pode se materializar em diferentes formas, inclusive a humana (N. da T.).
2 Op. cit., p. 15-16.

ideias. Ora, o que nos mostra a ciência é – na sua opinião – precisamente o contrário: a progressiva harmonização das diferentes energias da alma humana por meio da civilização, notadamente a partir do século XVIII[3].

Qual é, nesse contexto, a relação de Victor Basch com o judaísmo?

Aluno de uma escola judaica em Paris, onde realiza todos os seus estudos secundários, o jovem Victor não manifesta atração particular pelo judaísmo como religião. Se aprende, na época de sua iniciação religiosa, o hebraico e algumas orações, o ritual judeu não suscita nele "nenhuma emoção, nenhum elã, nenhum anseio, nenhum sentimento religioso". E na época dos seus estudos superiores, sua adesão profunda e entusiasta ao universalismo das Luzes o afasta do judaísmo. Como escreveu mais tarde, "meus estudos filosóficos me conduziram a um racionalismo que excluía toda intervenção miraculosa". De fato, ele estava mais próximo do panteísmo que de toda confissão religiosa propriamente dita: "Eu acreditava, e acredito ainda, em uma marcha do Universo em direção à Justiça, à Beleza e à Luz, e, portanto, a um Divino que se realiza na alma dos homens". Levado pelo racionalismo e pelo panteísmo, ele mesmo confessa, "esqueci precisamente que eu era judeu"[4].

É "o Caso" que irá despertar sua identidade judaica. Em um primeiro momento, a condenação do capitão, em 1894, particularmente não o chocou: como a maioria dos franceses, judeus ou não judeus, ele não antepunha muitas questões sobre a culpabilidade do oficial. É lendo, em 1897, o livreto de Bernard Lazare publicado no ano anterior, que ele se dá conta da enorme injustiça cometida contra Alfred Dreyfus. Prestando homenagem, nos anos de 1930, à memória de "Bernard Lazare, o bravo",

---

3 Cf. V. Basch, *Carlyle*, Paris: Gallimard, 1938, p. 258-259. Sua crítica às ideias conservadoras de Carlyle – um autor muito admirado por Bernard Lazare – não o impede de render homenagem ao seu formidável requisitório, "nunca ultrapassado", contra a plutocracia, o culto de Maommon, a adoração Bezerro de Ouro e, acima de tudo, contra a iniquidade social moderna, que permite a uma minoria de privilegiados desfrutar cinicamente de bens adquiridos pela "exploração cínica do trabalho de outrem". Idem, p. 274.

4 Mon Judaïsme, *Connaître*, ago. 1924, p. 4-5. Esse texto curto é um dos raros documentos onde Victor Basch explica sua relação com a religião e com a identidade judaica.

recorda que seu opúsculo foi o "primeiro vislumbre nas trevas", a primeira denúncia eficaz da "monstruosa iniquidade"[5].

Julien Benda definiu os dreyfusianos como "sujeitos kantianos agarrados ao Universal", alimentados pelas ideias gerais que determinam emoções, "que, por sua vez, determinam atos [...] diretamente opostos ao interesse imediato do indivíduo"[6]. Cada palavra se aplica diretamente a Victor Basch, cujo kantismo, sem dúvida, contribuiu bastante ao engajamento pela causa do capitão – uma causa a qual ele imediatamente compreendeu como de alcance universal.

Porém os dreyfusianos não são apenas "kantianos". São ainda, e sobretudo, *republicanos*, animados pelo espírito de 1789 e pela Declaração dos Direitos do Homem e do Cidadão. No momento mais intenso da batalha pela revisão do processo, quando Victor Basch organiza, em Rennes, um memorável banquete republicano, em 14 de julho de 1889, ele convoca, em seu discurso, à luta necessária contra as novas bastilhas: "A bastilha militar, a bastilha judiciária, a bastilha universitária". Termina sua alocução com esse chamado humanista revolucionário: "Brindo a todos os destruidores da bastilha, brindo a uma humanidade mais bela, mais justa, mais livre, mais fraterna"[7].

Esse espírito republicano não o impede de redescobrir sua identidade judaica. Trata-se nem tanto da adesão a um conteúdo religioso ou cultural preciso, mas antes de tudo de uma reação altiva face ao antissemitismo, e de um dever de solidariedade para com os judeus ameaçados:

> Pareceu-me desprezível proclamar, enquanto as perseguições se abatiam de novo sobre meus correligionários, que eu permanecia totalmente afastado da fé deles. E a partir daquele momento, em toda ocasião, entre injúrias e ameaças, que quase não me foram poupadas antes, durante e depois do Processo, sempre professei minha qualidade de judeu em alto e bom som[8].

---

5 Alfred Dreyfus et l'Affaire, *Cahiers de la Ligue des droits de l'homme*, 31 jul. 1935, p. 502-505.
6 Apud Christophe Charle, *Naissance des "intellectuels" 1880-1900*, Paris: Editions de Minuit, 1990, p. 87-88.
7 Apud Colette Cosnier, *Rennes pendant le procès Dreyfus*, Paris: Ouest-France, 1984, p. 45.
8 Mon judaïsme, op. cit., p. 5.

Com efeito, à medida que a batalha contra o antissemitismo se instala e que ele próprio será, na posição de dirigente dreyfusiano em Rennes – onde ensina na universidade –, o objeto de ataques antissemitas cada vez mais virulentos e odiosos, Victor Basch afirmará, de modo cada vez mais explícito, seu orgulho de ser judeu. Em uma carta de 1915 ao seu amigo e camarada dreyfusiano Joseph Reinach, ele indica, retrospectivamente, a partir desse período, a escolha de assumir "a raça maldita e sublime [...] dos seus ancestrais": "Mas existe dois modos de carregar o fardo do semita: com vergonha ou orgulho. Quanto a mim, escolhi, desde 1898, época em que pela primeira vez lancei-me das pedras ao grito do antigo "Hep-hep!"*, a segunda maneira[9]".

Seu judaísmo não foi o produto de uma conversão religiosa ou nacional: trata-se, como ele mesmo observará mais tarde, de uma "solidariedade sentimental", da consciência histórica de estar ligado "a gerações passadas, por meio de uma longa cadeia de perseguições que ainda os ameaçam" e da convicção ética de que "esse vínculo, eu não tinha o direito, sob pena de covardia, da renúncia". Sua atitude para com a comunidade judaica não era desprovida de uma dimensão crítica e de um certo paternalismo iluminista marcado de compaixão:

> Resolução fechada de defendê-los, tanto quanto a mim, contra as injustas acusações que os oprimia e de pender com uma simpatia misericordiosa sobre os mais menosprezados, e, ah!, os mais desprezíveis dentre eles; sobre aqueles em quem uma longa servidão inoculou vícios de escravos, e tentar fazer deles *Homens Livres*[10].

Contra ventos e marés, através dos meandros e desvios da vida política francesa e europeia no curso dos anos de 1900 a 1944, Victor Basch continuará obstinadamente fiel ao combate pela República, pelo Socialismo e pelos Direitos do Homem.

---

* "Hep-hep!" era o grito lançado em tumultos causados por *pogroms* do início do século XIX contra judeus alemães. A violência antissemita comunal começou em 2 de agosto de 1819, em Würzburg, e logo chegou a regiões longínquas da Dinamarca, Polônia, Letônia e Boêmia. Muitos judeus foram mortos e grande quantidade de propriedades judaicas foi destruída (N. da T.).

9 A carta de 17 de outubro de 1915 é citada por F. Basch, op. cit., p. 38.
10 Mon judaïsme, op. cit., p. 5.

Se ele não sabia, na época da Primeira Guerra Mundial – que sente como uma "guerra pela paz" – ou diante dos processos de Moscou (que ele se recusa a condenar), dar provas da mesma perspicácia por ocasião do processo Dreyfus, essas são faltas que divide com a grande maioria dos intelectuais progressistas de sua época. Mas ele se distingue por seu combate permanente e lúcido contra o totalitarismo pré-fascista e fascista, desde o seu primeiro engajamento, em 1897, até sua morte.

◆ ◆ ◆

Totalmente outro foi o itinerário de Bernard Lazare. Ele representa a grandeza e os limites do romantismo judaico da virada do século XIX para o XX. Constitui-se em uma figura paradoxal: nacionalista judeu e internacionalista libertário, oponente anarquista à república burguesa e defensor do capitão Dreyfus, crítico feroz da Igreja católica que se opôs à interdição do ensino religioso. É um "inclassificável", um *outsider* que não se encaixa em nenhuma das formas estabelecidas da política, um heterodoxo. Em resumo, é alguém que incomoda. Pertuba de tal maneira que se preferiu esquecê-lo.

O silêncio que caiu na França sobre a figura de Bernard Lazare depois de sua morte – com algumas raras exceções próximas, como a bela homenagem de Péguy em *Notre Jeunesse* (Nossa Juventude), de 1910 – é espantoso, considerando que se tratava de uma das principais personagens do Caso Dreyfus. Seu papel é esquecido pela historiografia oficial – há apenas algumas linhas ou notas de rodapé – e seus escritos caíram em um buraco negro.

Tomemos como exemplo *Le Fumier de Job* (A Fumaça de Jó). Após uma primeira tentativa, em 1908, que fracassa, o livro será publicado apenas em 1928, graças à família do autor – na verdade é uma versão incompleta e um tanto quanto edulcorada. A obra não sucitará quase nenhuma reação na França. É uma mulher judia alemã, exilada nos EUA, Hannah Arendt, que descobrirá esse texto, um dos escritos revolucionários mais importantes do judaísmo no século XX, e dele fará o ponto de partida de sua teoria da consciência pária rebelde. Quaisquer que sejam os limites do comentário arendtiano – em especial a falta de esclarecimento sobre o engajamento libertário de Lazare –, ela tem o mérito indiscutível de, pela primeira vez, haver posto em evidência a importância capital de Bernard Lazare, não só como militante dreyfusiano, mas como pensador judeu de originalidade. O artigo de Arendt foi publicado em 1944 e incorporado a um livro de 1978, mas não foi traduzido para o francês até anos de 1990.

Quanto à versão integral de *Fumier de Job*, incluindo o conjunto de notas – contidas aí aquelas que denunciam, com uma virulência extraordinária, o sionismo burguês –, foi preciso aguardar Philippe Oriol para que aparecesse, finalmente, em 1997.

Nos anos do pós-guerra, uma das raras exceções no esquecimento francês é o Círculo Bernard Lazare, fundado por sionistas socialistas ligados ao movimento *Haschomer Hatzair*, que prestou homenagem ao seu ilustre antepassado. Porém, a vida e a obra do primeiro dreyfusiano permaneciam ainda na sombra. Ainda uma vez mais a iniciativa virá de fora das fronteiras do hexágono [a França]: a primeira biografia de Bernard Lazare será a obra de um historiador judeu inglês, Nelly Wilson, apaixonado por Charles Péguy. O livro, editado em inglês, em 1978, foi traduzido para o francês em 1985. Penso que se pode datar desse ano o início de um novo interesse na França por Lazare. Em todo caso, de minha parte, descobri Bernard Lazare graças ao livro de Nelly Wilson.

Um pequeno episódio da minha própria atividade de pesquisador pode ilustrar o esquecimento no qual ele havia caído. Encomendei à Biblioteca da Sorbone, em janeiro de 1987, um exemplar do opúsculo de Bernard Lazare, *L'Oppression des juifs dans l'Europe orientale. Les Juifs en Roumaine* (A Opressão dos Judeus na Europa Oriental: Os Judeus na Romênia), publicado por Péguy nas Éditions des Cahiers, em 1902. Trata-se de um documento muito interessante, tanto do ponto de vista histórico como político. Quando a bibliotecária me trouxe o exemplar, constatei, para minha surpresa, que as páginas não estavam destacadas! De 1902 a 1987, entre as gerações de estudantes e de professores, judeus ou não judeus, que passaram pela Biblioteca da Sorbone, nenhum deles teve a curiosidade de abrir o opúsculo de Lazare.

Nascido em 1865 em Nîmes, em uma família judia assimilada e estabelecida na França desde vários séculos, Bernard Lazare chega a Paris em 1886 e se une à corrente simbolista. Como reação literária e artística do tipo "neorromântico" contra o que considera racionalismo e positivismo limitado da burguesia, o simbolismo é um movimento cultural de protesto, cujos diversos participantes têm ligações com a corrente anarquista (Francis Viellé-Griffin, Octave Mirbeau, Paul Adam). A efêmera revista da qual Bernard Lazare foi redator, *Entretiens politiques et littéraires* (Conversas Políticas e Literárias), era um cruzamento cultural no qual se encontravam poetas simbolistas e escritores libertários. Como observa com perspicácia Nelly Wilson, o anarquismo de Bernard Lazare e dos seus amigos era *profético*, mas não "progressista" no sentido republicano (ou até mesmo do partido socialista): eles respeitavam o passado – as guildas medievais ou as comunidades rurais – e não estavam apaixonados por tudo o que era moderno.

O próprio Lazare, como outros jovens rebeldes, projetava a nostalgia romântica do passado em um porvir utópico, ao aderir às ideias anarquistas: ele escrevia regularmente em *La Révolte*(A Revolta), de Jean Grave, hebdomadário "anarquista--comunista", interditado pela polícia em 1894. Em seguida, se une a Fernand Pelloutier e aos anarcossindicalistas, publicando, com sua colaboração, o efêmero jornal *L'Action Sociale* (A Ação Social) (1896), antes de se tornar, durante os últimos anos de sua vida (1901-1903), um colaborador dos *Cahiers de la Quinzaine* (Cadernos da Quinzena), de Charles Péguy.

Próximo de Georges Sorel, Bernard Lazare partilha com ele o menosprezo pela república burguesa/parlamentar; um menosprezo que irá tão longe que Bernard Lazare não hesita, em um artigo assaz surpreendente de 1891, em condenar a Revolução de 1789 como um engodo, que conduz a um regime pior que a monarquia absolutista:"Com a Revolução Francesa, o povo troca uma autoridade por vezes paternalista, suscetível, em todo caso, de feliz retorno e de benevolência, capaz de em um dado momento reconhecer suas falhas […] pela autoridade de uma oligarquia burguesa arrogante, ávida e cúpida, por uma alma aberta a todos os baixos sentimentos, ferozmente egoísta e rapace, inapta a um pensamento generoso, a uma ideia nobre de renúncia e abnegação"[11].

Estamos aqui a mil passos de distância do republicanismo socialista de Victor Basch, o amigo de Jean Jaurès e dirigente da Liga dos Direitos do Homem.

Como vários dos seus amigos simbolistas, o jovem Lazare se interessa pelas correntes religiosas místicas e esotéricas; mas rejeita, sem apelo, o judaísmo, exatamente pelas razões que o tornam atraente aos judeus republicanos ou neokantianos: "A religião hebraica caiu, há muito tempo, em um racionalismo estúpido; ela parece emprestar seus dogmas à Declaração dos Direitos do Homem, ela esquece, como o protestantismo, esta coisa essencial: que uma religião sem mistério é semelhante à palha do trigo que foi separada do grão"[12].

Em um conto simbolista publicado nas *Entretiens* – depois integrado em seu livro *Miroir des Légendes* (Espelho de Lendas) (1892) –, Bernard Lazare esboça, contudo, uma diferença entre as doutrinas oriundas do "cérebro grosseiro dos parisienses opulentos e duros", e a "corrente profética, caracterizada pelo ódio feroz aos ricos e opressores", com a qual ele se identifica[13].

Outra distinção, bem mais discutível, aparece em seu célebre artigo de 1890, "Juifs et israélites" (Judeus e Israelitas): os "israelitas da França" (como ele próprio) não devem ser confundidos com os "judeus", os adoradores do bezerro de ouro; eles recusam uma "pretensa solidariedade que os faz semelhantes aos cambistas frankfurtianos, aos usurários russos, aos cabareteiros poloneses, aos galegos empenhadores, com os quais eles não têm nada em comum"[14]. É difícil não considerar esse texto como um documento que testemunha a influência do antissemitismo na França do final do século XIX, contido ali, nas fileiras da *intelligentsia* judaica francesa.

No livro que publica em 1894, *L'Antisémitisme, son histoire et ses causes* (O Antissemitismo, Sua História e Suas Causas),

---

11   Du népotisme, *Entretiens littéraires et politiques*, III, 17 ago. 1891, p. 41-42.
12   Juifs et israélites, 1890, em *Juifs et antisémites*, Paris: Allia, 1992, p. 3.
13   Les Incarnations, *Entretiens littéraires et politiques*, II, 12 mar. 1891, p. 77.
14   Juifs et israélites, op. cit., p. 17.

Bernard Lazare começa a tomar consciência dos esforços da campanha antijudaica e a polemizar contra seus porta-vozes. Observa-se uma mudança bastante evidente entre o início do livro (redigido em 1891), que ainda representa os judeus responsáveis, "em parte, pelo menos", pelos seus próprios males, por causa do seu caráter "insociável" (*sic*) e do seu exclusivismo político e religioso, e a segunda parte, bem mais nuançada. Em um capítulo intitulado "O Espírito Revolucionário do Judaísmo", ele faz do judeu, pela própria natureza de sua religião e de sua cultura, um *revoltado*. Os profetas trabalhavam pelo advento da justiça aqui na Terra e exigiam a abolição da desigualdade de condições: os socialistas judeus modernos, Heine, Moses Hess, Lassalle e, sobretudo, Karl Marx são herdeiros desse "antigo materialismo hebraico que sonhou perpetuamente com um paraíso sobre a terra"[15].

Nelly Wilson fala até mesmo de "conversão" ou "metamorfose" para descrever a visível mudança entre o começo e o fim do livro[16]. Bernard Lazare parece ter tomado consciência – talvez graças à própria propaganda antissemita, que sacudia sem parar o espantalho da subversão judaica – da onipresença do revolucionário judeu nas sociedades modernas, esse revolucionário que lhe parecia encarnar "a tradição bíblica e profética"[17].

A conclusão do livro é assaz estranha: Bernard Lazare anuncia o desaparecimento do antissemitismo num futuro bem próximo, esse vestígio do passado que "tenta em vão deter a evolução revolucionária"[18].

Qual não será sua surpresa quando, apenas um ano depois da publicação do seu livro, a prisão do capitão Dreyfus provocará a mais alta onda de antissemitismo da história da França desde o fim da Idade Média! Sua indignação fará dele um dos primeiros dreyfusianos, o autor do opúsculo de 1896, *Une Erreur judiciaire. La Vérité sur l'Affaire Dreyfus* (Um Erro Judiciário: A Verdade Sobre o Caso Dreyfus), que terá, como vimos, um efeito poderoso em Victor Basch. Bernard Lazare

---

15 *L'Antisémitisme, son histoire et ses causes* [1894], Paris: La Différence, 1982, p. 155-171.
16 *Bernard Lazare. L'Antisémitisme, l'Affaire Dreyfus et la recherche de l'identité juive*, Paris: Albin Michel, 1985, p. 138-139.
17 B. Lazare, *L'Antisémitisme, son histoire et ses causes*, p. 192.
18 Idem, p. 199.

será ainda o primeiro e, durante bastante tempo, o único a denunciar o caráter efetivamente *antissemita* das manobras político-judiciárias contra o capitão: "É por ele ser judeu que o prenderam, é por ele ser judeu que o julgaram, é por ele ser judeu que não se pode ouvir em seu favor a voz da justiça e da verdade" (*Deuxième Mémoire* [Segunda Memória], 1897).

O arrojo de Bernard Lazare no combate dreyfusiano tem relação com suas ideias anarquistas: sua hostilidade libertária contra o Estado, contra os tribunais e contra a hierarquia militar é, sem dúvida, o coração do seu engajamento na campanha, mesmo que seus livretos se situem exclusivamente no terreno da defesa dos direitos do homem. Essa sensibilidade libertária não o impede de fazer coro com os socialistas, republicanos e democratas que lutam por justiça.

Se o Caso confirmou suas convicções anarquistas, a histeria antissemita da massa transtornou suas ideias acerca da condição judaica. Liquida, de uma vez por todas, a complacência e as ambiguidades a respeito do antissemitismo, assim como as ilusões em torno do "Israelita da França". Deflagra uma luta aberta contra o antissemitismo, inclusive trava duelo com Édouard Drumont (nenhum dos dois sairá ferido). Uma série de artigos polêmicos, redigidos nessa época contra Drumont, autor de *La France juive* (A França Judaica), será publicada como livreto sob o título *Contre l'antisémitisme* (Contra o Antissemitismo), em 1896.

Agora ele percebe, em Dreyfus, o símbolo dos judeus vítimas do ódio antissemita em todas as partes do mundo, em particular os judeus da Europa oriental, que outrora foram tratados com tanto menosprezo:

> Nele se encarnou não apenas os sofrimentos de séculos passados desse povo de mártires, mas também as dores do presente. Vi, através dele, os judeus encerrados nos ergástulos russos [...], os judeus romanos a quem se negou os direitos dos homens, aqueles da Galícia, proletários esfomeados por causa dos trustes financeiros...[19].

---

19 Antisémitisme et révolution, *Les Lettres Prolétariennes*, Paris, n. 2, mars 1895, p. 13-14.

A partir dessa época, Bernard Lazare descobrirá, ainda, o judaísmo como *nacionalidade* e irá se tornar *sionista* sem, nem por isso, renegar suas convicções libertárias e revolucionárias. Gostaria de insistir sobre esse ponto: Lazare permanece um socialista e anarquista, e isso dará a seus escritos sobre o nacionalismo judeu, ou acerca do sionismo, uma orientação particular. Como Martin Buber (e mais tarde Gershom Scholem), ele está mais próximo do sionismo cultural de Ahad Ha-Am que da *Realpolitik* compromissada com os vastos poderes conduzidos por Herzl. Em um dos seus primeiros textos sionistas, a conferência "Le Prolétariat juif devant l'antisémitisme" (O Proletariado Judeu Diante do Antissemitismo) (fevereiro de 1897), a perspectiva socialista/libertária é claramente afirmada: "É necessário que vivamos novamente como um povo, isto é, como um coletivo livre, mas com a condição de que esse coletivo não represente a imagem dos Estados capitalistas e opressores entre os quais vivemos". Nesse mesmo texto, podemos observar até que ponto identidade judia e identidade revolucionária estão associadas, na visão de Lazare. Recordando os anátemas dos profetas contra ricos e tiranos, e comparando a *Bíblia* a um "admirável manual de anarquismo", Lazare responde ironicamente às críticas dos inimigos do povo judeu: "Os antissemitas burgueses e clericais reprovam, portanto, os judeus por serem revolucionários. Trabalhamos para merecer essa reprovação. Sejamos os primeiros dentre aqueles que reivindicam as liberdades humanas, os primeiros que buscam o reino da justiça e da igualdade".

Antes da questão territorial é, no espírito do romantismo utópico, o renascimento espiritual da nação judaica que interessa a ele, o retorno às raízes históricas: "Somos sempre o velho povo cabeça dura, a indócil e rebelde nação, desejamos ser nós mesmos, como nos formaram nossos ancestrais, nossa história, nossas tradições, nossa cultura e nossas lembranças...".

Em outra conferência, de março de 1897 (diante da Associação dos Estudantes Israelitas russos) – com o título "Le Nacionalisme juif" (O Nacionalismo Judeu) –, Lazare dissocia explicitamente nação e território:

> O judeu que hoje disser: "Sou um nacionalista", não dirá de modo especial, preciso e claro, sou um homem que deseja reconstituir um

Estado judeu na Palestina e que sonha em conquistar Jerusalém. Ele dirá: "Desejo ser um homem plenamente livre, cobiço desfrutar do sol, quero ter direito a uma dignidade de homem..." Em certos momentos da história, o nacionalismo se torna, para alguns grupos humanos, a manifestação do espírito de liberdade.

Entretanto, ele mantém correspondência com Herzl, participa ativamente das iniciativas do movimento sionista e, em 1888, parece aderir à ideia do retorno à Palestina: no II Congresso Sionista em Bâle (agosto de 1888) – o primeiro e último a que assiste – Lazare foi aclamado como um herói do povo judeu e eleito ao coselho da presidência e ao comitê.

Porém essa euforia não iria durar muito tempo: cedo ele entra em conflito com Herzl, de quem não suporta a ideologia e os métodos (a diplomacia de Estado). A ruptura aconteceu quando Herzl, que negocia o futuro da Palestina com a potência otomana, se nega a tomar posição contra os massacres de armênios. Em sua carta de demissão enviada ao comitê de ação sionista, Bernard Lazare escreve a Herzl, em fevereiro de 1899: "O senhor é burguês pelo pensamento, burguês nos sentimentos, burguês pelas ideias, e vossas concepções sociais são burguesas. No entanto, o senhor quer dirigir um povo, nosso povo, o povo dos pobres, dos oprimidos, dos proletários"[20].

Ele permanece ligado ao movimento, mas com um ponto de vista cada vez mais crítico: em uma carta a Chaïm Weizmann (este também se opõe a Herzl nesta época) de 1901, ele escreve: "Compreendi que o sionismo herzlista não entrega aos judeus, ainda, a essencial liberdade". Conduzir um bando de escravos à Palestina não é uma solução do problema. O importante, observa ele, é organizar o povo nos centros judaicos, na Galícia, na Rússia, e desenvolver a cultura judaica, não no sentido de um "estreito sentimento nacionalista", mas partindo de "tendências judaicas que são tendências humanas no mais alto sentido dessa palavra". Pôde-se realizar uma tarefa semelhante ao se "romper com o sionismo político-diplomático e burguês que ocupa a cena".

---

20 Apud Michael R. Marrus, *Les Juifs de France à l'époque de l'Affarire Dreyfus*, Paris: Calmann-Lévy, 1972, p. 307.

As críticas ao "sionismo burguês" são ainda mais duras em seu último escrito, seu testamento político, por assim dizer, *Le Fumier de Job* (1903); podemos encontrá-las já na edição de 1928, porém as mais ferozes permaneceram inéditas, e eram conhecidas apenas por alguns pesquisadores que se aventuraram no Archive Bernard Lazare de l'Alliance israélite universelle (Arquivo Bernard Lazare da Aliança Israelita Universal), até que Philippe Oriol publica, enfim, o texto original. Evidentemente é o socialista libertário que protesta aqui: "Ir a Sião para ser explorado pelo judeu rico, que diferença há em relação à atual situação? É isso que vós nos propondes: a patriótica alegria de não ser mais oprimido senão pelos da sua raça; não queremos isso"[21].

Se examinarmos o conjunto de escritos produzido por Bernard Lazare sobre o nacionalismo judeu durante os anos 1897 e 1903, incluído aí o texto *Fumier de Job*, temos a impressão de que Lazare hesita entre duas perspectivas, que não lhe parecem necessariamente contraditórias: a organização autônoma dos judeus e, em particular, dos proletários judeus, na diáspora, para lutar pelos seus direitos em todo lugar onde são oprimidos – o que seria quase a posição dos primeiros círculos do *Bund* formados naquela época – e uma variante socialista do sionismo.

Tanto em um caso como no outro, ele se esforça para harmonizar seu combate indentitário judeu com suas convicções libertárias e internacionalistas. Um dos exemplos mais interessantes desse esforço é a conferência – já mencionada acima – de março de 1897, "Le Nationalisme juif", em que Bernard Lazare esboça uma *utopia libertária internacionalista que não faz tábula rasa das nações*, a utopia de um mundo sem fronteiras, porém não desprovido de culturas nacionais. Trata-se de uma reflexão profundamente original – cujo alcance vai bem mais além da simples questão judaica –, que tenta ultrapassar o universalismo abstrato e inventar uma nova dialética entre o particular e o universal. Defendendo o direito das nações oprimidas como os judeus, interroga-se: "eu também estou em contradição com as ideias internacionalistas?" Eis sua resposta:

---

21 *Juifs et Antisémites*, p. 157-169.

De forma alguma [...] Quando os socialistas combatem o nacionalismo, na realidade combatem o protecionismo e o exclusivismo nacional; combatem o patriotismo chauvinista, estreito, absurdo, que leva os povos a se colocarem um diante do outro como rivais ou adversários [...] O que o internacionalismo presume agora? Evidentemente presume nações. O que significa ser internacionalista? Significa estabelecer, entre as nações, laços não de amizade diplomática, mas de fraternidade humana [...] Suprimir as fronteiras, isso não significa produzir um amálgama único de todos os habitantes do globo. Uma das concepções familiares do socialismo internacional, e até mesmo do anarquismo revolucionário, não é a concepção federativa? [...] Para que o internacionalismo se estabeleça, é necessário que os grupos humanos tenham previamente conquistado sua autonomia; é preciso que eles possam se exprimir livremente, e que tenham consciência do que são.

O pressuposto antropológico e político fundamental de sua utopia é a diversidade humana como riqueza do socialismo: nada será mais contrário ao espírito libertário que a tentativa de "uniformizar" os seres humanos, de impor a eles, de modo autoritário, uma homogeneidade artificial: "Nada me parece tão necessário para a humanidade que a variedade". Cada indivíduo, ou grupo de indivíduos, tem seu modo particular de exprimir as ideias e concepções que pertencem ao tesouro da espécie:

A riqueza humana é feita dessas variedades. Desse modo, todo grupo humano é necessário, é útil à humanidade, contribui para colocar beleza no mundo, é uma fonte de formas, de pensamentos, de imagens. Por que arregimentar o gênero humano, por que fazê-lo curvar-se sob uma única norma, em virtude do que lhe impor um cânon do qual ele não deveria se afastar?

Esse sonho de um *socialismo da diversidade* é, talvez, a contribuição mais original de Bernard Lazare ao pensamento crítico.

Falecido prematuramente em 1903, Bernard Lazare será celebrado por Charles Péguy, como "um dos maiores dentre os profetas de Israel"[22].

---

22 *Notre Jeunesse* (1910), Paris: Gallimard, 1969, p. 100-123.

❖ ❖ ❖

Apesar da formação cutural e política distinta, o *Aufklärer* kantiano, democrata humanista e socialista republicano Victor Basch, e o romântico simbolista, crítico do racionalismo burguês e socialista libertário Bernard Lazare irão se encontrar, ao mesmo tempo, na primeira linha de combate dreyfusiana pela verdade e justiça. Eles se tornarão companheiros próximos, e irão permanecer unidos com frequência no decorrer desses anos difíceis. Em uma carta a Bernard Lazare, de 23 de junho de 1899, Victor Basch faz constar, em detalhes, os preparativos para uma conferência/manifestação com Jaurès em Rennes, que conta com o apoio de operários e sindicalistas: são esses últimos, relata orgulhosamente ao seu amigo, que irão se encarregar de um trabalho organizativo para proteger a sala emprestada pela municipalidade[23].

Eles partilharam, ainda, momentos de dúvida e hesitação, e de erros, como a lamentável (em todos os sentidos do termo!) delegação – Jaurès, Lazare, Basch – que pedirá a Fernand Labori, em setembro de 1899, para ele não advogar no processo de Rennes, receando "provocar" o tribunal militar – em vão, porque o silêncio do grande advogado não impedirá os juízes de condenar novamente o capitão. Ambos ficarão decepcionados pela conclusão – provisória – do Caso, com a graça presidencial concedida a Alfred Dreyfus pelo presidente da República.

Um outro elemento comum entre eles é o interesse pelo sionismo. Basch irá conhecer Herzl na ocasião do processo de Rennes, e, influenciado pelos seus amigos Max Nordeau e Alexandre Marmorek, a princípio dará sua adesão a um movimento inspirado, aos seus olhos, na

grande esperança que aqueles, dentre os judeus, que não tinham pátria, nele [no movimento sionista] encontrariam uma, que os eternos errantes poderiam sentar-se, enfim, em torno de um lar onde ninguém teria o direito de lhes disputar o lugar e que ali, no país dos ancestrais, poderia desabrochar uma nova civilização judaica[24].

---

23 Apud F. Basch, op. cit., p. 47. A conferência não se realizou por causa da oposição da direção parisiense do Partido Socialista.
24 Mon judaïsme, op. cit., p. 5.

No entanto, seu engajamento no sionismo não era tão forte – tanto no que diz respeito à adesão como à crítica – como o de Bernard Lazare. A passagem acima, datada de 1924, mostra bem que aos seus olhos o movimento é uma solução, sobretudo, para os "judeus que não têm pátria" – o que parece excluir os judeus franceses, cidadãos da República desfrutando de todos os seus direitos. Sua participação no movimento sionista é episódica: de fato, o único movimento político ao qual Victor Basch pertenceu ao longo de sua vida, e que definiu sua identidade política, é o socialismo.

As ideias de Lazare e Basch parecem ter proximidade também em outro aspecto. Sem interromper sua participação no partido socialista, Victor Basch se interessa pelas doutrinas libertárias. Ele publica, em 1904 – isto é, um ano depois da morte de Bernard Lazare –, o livro *L'Individualisme anarchiste: Max Stirner*, que dá testemunho do seu interesse pela crítica radical de Hegel, que opunha o Indivíduo, o Único, à tirania das religiões e das instituições – mesmo que guarde bastante distância para com o que considera uma forma de pensamento mais instintiva e passional do que racional (como os escritos de outras personagens semelhantes, Proudhon, Carlyle, Nietzsche, Ibsen), e para com a expressão de uma "desordem mental" e de uma "hipertrofia mórbida da personalidade", que se aproxima perigosamente da loucura. Ele acredita perceber no "Único", de Stirner, detrás de toda a argumentação dialética, "o *front* devastado, os olhos revoltados e o *ríctus* demoníaco do herói romântico"[25].

Em verdade, o livro manifesta mais simpatia pelo que ele chama de "anarquismo comunista" de Kropotkin, Jean Grave e Elysée Reclus – ou seja, os inspiradores e amigos de Bernard Lazare – do que pelo individualismo extremo de Stirner. Enquanto este último prega, assim como Nietzsche, um culto egoísta ao Eu e à potência (*die Macht*), os primeiros representam, aos olhos de Victor Basch, "uma ética extremamente elevada, pura e, apropriadamente falando, evangélica"[26].

---

25 *L'Individualisme anarchiste...*, p. 150. Cf. também F. Bausch, op. cit., p. 89.
26 Idem, p. 258.

O engajamento de Victor Basch, o homem das Luzes, era e permanecerá até o último dia de sua vida na Liga dos Direitos do Homem. Bernard Lazare não seguiu essa via, porém sem dúvida apreciava a participação ativa e nobre do seu amigo no caso do anarquista espanhol Francisco Ferrer, vítima de um processo iníquo – que foi muitas vezes comparado ao de Dreyfus – que terminou com seu fuzilamento em 1912.

Na época do regime de Vichy, os antidreyfusianos finalmente tiveram sua revanche, e não puderam atingir Bernard Lazare, falecido meio século antes: eles se contentaram em mutilar e desfigurar seu monumento, penetrando nos Jardins da fonte de Nimes. É sobre Victor Basch e sua companheira, Ilona, que seu ódio irá se desencadear, em uma vingança covarde, fria e criminosa. Em 10 de janeiro de 1944, Basch chega à sua casa e é assassinado com Ilona pela milícia francesa de Lyon, dirigida por Paul Touvier, sob ordens dos nazistas. Em seu corpo, os milicianos escreveram: "o judeu sempre paga"...

8. Gustav Landauer, Revolucionário Romântico

O socialista libertário Gustav Landauer – quase desconhecido na França – é uma personagem singular na paisagem do pensamento revolucionário moderno: raros são aqueles que exprimiram tanto quanto ele, em toda sua força subversiva, a dimensão *romântica* da revolução.

O que é o romantismo? Ao contrário da *doxa* corrente, ele não poderia ser reduzido a uma escola literária do século XIX, ou a uma reação tradicionalista contra a Revolução Francesa – duas proposições que encontramos em um número incalculável de obras de eminentes especialistas da história literária ou da história das ideias políticas. É antes uma forma de sensibilidade que irriga todos os campos da cultura, uma visão do mundo que se estende da segunda metade do século XVIII até nossos dias, um cometa cujo "núcleo" incandescente é a revolta contra a civilização industrial/capitalista moderna, em nome de certos valores sociais ou culturais do passado. Nostalgia de um paraíso perdido – real ou imaginário – o romantismo se opõe, com a energia melancólica do desespero, ao espírito quantificador do universo burguês, à reificação mercantil, à mediocridade utilitarista e, acima de tudo, ao *desencantamento do mundo*. Essa idealização do passado conduz, muitas vezes, a posições tradicionalistas, conservadoras, e até reacionárias; mas isso está longe de ser sempre o caso. Existe ainda, na história do romantismo, uma corrente *revolucionária*, que não visa ao *retorno* ao passado, mas a um *desvio* pelo passado, em direção a um novo futuro. No romantismo revolucionário, do qual participaram tanto Jean-Jacques Rousseau como William Blake, William Morris e Gustav Landauer, a nostalgia das épocas pré-capitalistas é investida da esperança utópica de uma sociedade livre e igualitária[1].

Nascido em 7 de abril de 1870, em uma família judaica, burguesa e assimilada do sudoeste da Alemanha, escritor, filósofo, crítico literário, amigo de Martin Buber e de Kropotkin, redator da revista libertária *Der Sozialist* (O Socialista) (1909-1915), Gustav Landauer era um anarquista militante. Tornou-se, em abril de 1919, comissário do povo em cultura na efêmera República do Conselho da Baviera, e foi assassinado pelo Exército em 2 de maio de 1919, depois da derrota da revolução em Munique. Sua obra profundamente original foi definida, por alguns pesquisadores modernos, como "um messianismo judeu de caráter anarquista"[2]. Gustav Landauer é, antes de tudo, um romântico revolucionário, e é partindo dessa fonte comum que podemos compreender tanto seu messianismo como sua utopia libertária[3]. Na realidade, o romantismo revolucionário se manifesta na visão do mundo de uma maneira quase "típica-ideal": podemos ter dificuldade para imaginar um autor em que passado e futuro, conservadorismo e revolução estão tão diretamente emaranhados, tão intimamente articulados. Se existe um modelo acabado de pensamento restaurador/utópico no universo cultural do século XX, é efetivamente na obra de Landauer que podemos encontrá-lo.

Sua obra é notável tanto por sua riqueza como por sua unidade espiritual. Além de *La Révolucion* (A Revolução), publicado

---

1 Remeto, sobre esse tema, ao meu livro, redigido com Robert Sayre: *Révolte et mélancolie: Le Romantisme à contre-courant de la modernité*, Paris: Payot, 1992.
2 Ulrich Linse, *Gustav Landauer und die Revolutionszeit (1918-1919)*, Berlin: Karin Kramer Verlag, 1974, p. 28.
3 Sobre o romantismo de Landauer, ver a obra de Eugen Lunn, *Prophet of Community: The Romantic Socialism of Gustav Landauer*, Berkeley: University of California Press, 1973.

em 1907, em uma coleção de monografias sociológicas editadas por Martin Buber, estão, entre seus principais escritos, um trabalho de filosofia social-libertária, *Aufruf zum Sozialismus* (Manifesto ao Socialismo), de 1911; um estudo sobre Shakespeare em dois volumes, que se tornou um clássico da crítica literária alemã, *Shakespeare dargestellt in Vorträgen* (Shakespeare Apresentado em Conferências), de 1920; uma coletânea de artigos contra a guerra, *Rechenschaft* (Prestação de Contas), de 1919; e duas coletâneas de artigos literários e políticos publicados por Buber depois da morte do seu amigo, *Werdende Mensch* (O Homem Transformado), de 1921, e *Beginnen* (Começar), de 1924. Seria preciso acrescentar ainda um romance, *Der Todesprediger* (O Pregador da Morte), de 1893, uma coletânea de novelas, *Macht und Mächte* (O Poder e os Poderes), de 1903, uma obra filosófica, *Skepsis und Mystik* (Ceticismo e Mística), de 1903, uma coleção de cartas sobre a Revolução Francesa, *Briefe aus der französischen Revolution*, de 1919, várias traduções – Mestre Eckhart, Éttiene de la Boétie, Proudhon, Kropotkin – e dois volumes de correpondências, *Gustav Landauer, sein Lebensgang in Briefen* (Gustav Landauer: Seu Percuso de Vida em Cartas), publicados por Buber, em 1924[4].

Em um artigo autobiográfico redigido em 1913, Landauer descreve a atmosfera de sua juventude como uma revolta direcionada ao meio familiar, como o "choque incessante de uma nostalgia contra as estreitas barreiras do filistinismo (*enge Philister schranken*)"[5]. O que significa o romantismo para ele?

Encontramos em seus papéis, reunidos no Arquivo Landauer de Jérusalem, uma nota em que ele esclarece suas ideias com relação a esse tema: o romantismo não deve ser compreendido nem como "reação política (Chateaubriand)", ou "medievalismo patriótico-alemão", nem "como escola literária". O que há em comum entre o romantismo, Goethe, Schiller, Kant, Fichte e a Revolução Francesa, é que são todos antifilistinos (Anti-Philister) – termo que designa, na linguagem cultural do século XIX, o estreitamento, a mesquinharia e a vulgaridade

---

4 Outras coletâneas de textos de Landauer foram publicadas na Alemanha depois da redescoberta do seu pensamento no decorrer dos anos de 1960 e 1970.
5 Vor funfundzwanzig Jahren [1913], *Rechenschaft*, 2. ed., Köln: J.F. Marcan, 1924, p. 135.

burguesa[6]. Além dos poetas românticos – notadamente Hölderlin, que ele compara, em uma conferência de 1916, aos profetas bíblicos! –, é Nietzsche que ele evoca com mais frequência em seus escritos. Porém, ao contrário do autor de *Zaratustra* e da maioria dos outros críticos românticos da civilização moderna, sua orientação é, desde o início, socialista e libertária. É por isso que ele se identifica com Rousseau, Tolstói e Strindberg, nos quais encontra a fusão harmoniosa entre "revolução e romantismo, pureza e fermentação, santidade e loucura"[7].

A filosofia romântica da história de Landauer se exprime da maneira mais impressionante no ensaio "La Révolution" (1907), o único dos seus escritos traduzidos para o francês. É uma obra fascinante, mesmo que sua argumentação seja, às vezes, confusa e que seu projeto revolucionário permaneça demasiadamente vago. Ao contrário dos socialistas da Segunda Internacional, Landauer não acredita no progresso econômico, ou melhor, ele pensa que, no plano dos capitalistas, os avanços técnicos se voltam contra os explorados. Na sua opinião, "todos os progressos econômicos e técnicos, com a amplitude que eles estimaram, foram integrados em um sistema de desorganização social, que faz com que cada melhoria dos recursos de trabalho e cada alijamento do trabalho agrave a situação daqueles que trabalham". Mas sua principal crítica ao "progresso", da modernidade e da era industrial, é que ele conduziu à dominação absoluta do "verdadeiro Anticristo", do "inimigo mortal daquilo que foi o autêntico cristianismo ou o espírito de vida": ou seja, do Estado moderno[8].

Landauer pertence – como William Morris, Ernst Bloch e outros – a uma corrente do interior do romantismo, que poderíamos definir como *revolucionária gótica*, na medida em que ele é fascinado pela cultura e sociedade (católicas) medievais, de onde toma emprestada uma parte do seu projeto socialista.

---

6 Gustav Landauer Archiv, Ms. Var. 432, Bibliothèque de l'Université hébraïque de Jérusalem. Trata-se do dossiê n. 14 intitulado "Die deutsche Romantik in der Literatur". Para apoiar sua argumentação, ele cita a passagem segundo o romântico Friedrich Schlegel: "A Revolução Francesa, a teoria da ciência de Fichte e o 'Wilheim Meister' de Goethe são as tendências espirituais da época".
7 Dem grösten Schweizer [1912], *Werdende Mensch: Aufsätze über Leben und Schriften*, Postdam: Gustav Kiepenhauer Verlag, 1921, p. 136-137.
8 G. Landauer, *La Révolution* [1907], Paris: Champ Libre, 1974, p. 85, 96, 180.

Em contradição total com as doutrinas do progresso dominantes no seio do movimento operário e socialista de sua época, para as quais a Idade Média é apenas uma época de superstição e obscurantismo, ele considera o universo medieval cristão como "um vértice cultural", um período de eclosão e plenitude, graças à existência de uma sociedade fundada no princípio de estratificação: um conjunto formado de múltiplas estruturas sociais independentes – guildas, corporações, confrarias, ligas, cooperativas, igrejas, paróquias – que se associam livremente. Nessa imagem – idealizada de modo passável, é claro – da sociedade medieval, um dos traços mais importantes para o filósofo libertário era a ausência de um Estado todo-poderoso, cujo lugar era ocupado pela sociedade, por uma "sociedade de sociedades". Certamente, Landauer não nega os aspectos obscurantistas, mas esforça-se para relativizá-los: "Se me objetam que ali também havia formas de feudalismo, de clericalismo, de inquisição, isso e aquilo, só posso responder: 'Sei muito bem – e, no entanto...'". Aos seus olhos, o essencial é o alto grau de civilização do mundo gótico, graças à diversidade de suas estruturas e à sua unidade: um mesmo espírito habitava os indivíduos e lhes destinava fins supremos[9].

Pelo contrário, toda a era moderna que se abre com o século XVI é, a seu ver, "um tempo de decadência e, portanto, de transição", um tempo breve de "ruptura do encanto unificador que satisfaz a vida social", uma época de extinção do espírito em proveito da autoridade e do Estado. Ele atribui um papel capital nessa mudança nefasta a Martinho Lutero, que considera um dos principais responsáveis pela "separação da vida e da fé e pela substituição do espírito pela violência organizada"; não lhe perdoa por ter tomado partido dos senhores contra os camponeses insurgentes, e por ter consagrado "o princípio do cesarismo", a autoridade intocável dos príncipes. Que seja dito entre parênteses, essa intensa antipatia pelo fundador da Reforma era compartilhada por muitos dos socialistas alemães contemporâneos a Landauer, de Karl Kautsky a Ernst Bloch[10].

---

9 Idem, p. 54-66.
10 Idem, p. 96-101. De modo diverso, para o marxista italiano Antonio Gramsci, residente em um país católico, a Reforma protestante é um modelo digno de inspirar o movimento operário e socialista moderno.

Nesse longo caminho que vai do declínio do espírito comum cristão (medieval) ao desenvolvimento do novo espírito comum do porvir socialista, as revoluções são o único momento de autenticidade, o único verdadeiro "banho de espírito": "Sem essa regeneração passageira, não poderíamos mais continuar a viver; seríamos condenados a soçobrar". O precursor das revoluções antiautoritárias é, segundo Landauer, o profeta hussita do século XIV, Peter Chelcicky, "um anarquista cristão bem à frente do seu tempo", que reconheceu na Igreja e no Estado "os inimigos mortais de toda vida cristã". A primeira e mais importante revolução moderna é a Guerra dos Camponeses, de Thomas Münzer e dos anabatistas, que "tentaram, uma última vez, e por longo tempo, mudar a vida, toda a vida", e "restabelecer o que havia existido na época do espírito". Sua luta é continuada pelos monarcômacos cristãos e por todos os movimentos anticentralistas, que dão testemunho dos "esforços da tradição para restaurar e ampliar as velhas instituições da federação das ordens e dos parlamentos"[11].

Entretanto, Landauer desconfia daquilo que chama de "as revoluções de Estado", incluindo aí a Revolução Inglesa – pela qual ele não tem nada além que menosprezo –, a Americana e a Francesa. Essa última ganha reconhecimento de sua parte apenas por ser portadora do princípio de fraternidade:

> Basta pesquisar as palavras no âmbito em que nasceram, para limpá-las imediatamente da poeira e das zombarias, da frivolidade e da estreiteza do espírito. É da Revolução Francesa que tomamos o termo *fraternidade* e é dela também que veio a alegria contida nessa revolução, os homens sentiram-se, naquele momento, como irmãos e, não nos esqueçamos, como irmãs.

Se todas essas revoluções terminaram por se afundar, isso se deve não somente à ambição e ao espírito de partido dos seus chefes, ou ao cerco da República contra seus inimigos, mas também ao fato de que não é possível "resolver os problemas sociais com os meios de uma revolução política"[12].

---

11 Idem, p. 78-81, 97, 103, 107, 167.
12 Idem, p. 173, 175.

Então, o que é utopia? *La Révolution* é um dos primeiros livros, no idioma alemão, a restituir, no início do século XX, o sentido positivo ao conceito de utopia – depois do célebre *Do Socialismo Utópico ao Socialismo Científico*, de Friedrich Engels (1877) – e percebê-lo como vetor principal de um pensamento político revolucionário. Landauer não define claramente o que entende por utopia, mas a descreve como "um princípio surgido em épocas longínquas, que salta os séculos a passos de gigante para mergulhar no futuro". Enquanto as abordagens usuais concebem as utopias unicamente como uma imagem do porvir desejável, o autor de *La Révolution* ilumina, graças à sua sensibilidade romântica, a dialética entre passado e futuro que as constitui: toda utopia encerra em si mesma "a lembrança entusiástica de todas as utopias precedentes conhecidas"[13]. Como se constituem as utopias? Por meio de "uma combinação de esforços e tendências da vontade individual, sempre heterogênea e isolada, mas que se percebe, em um momento de crise que cristaliza entusiasmo e euforia, reunir-se em um todo", com o objetivo de criar uma vida social sem injustiça, opondo-se à "topia", isto é, ao vasto conglomerado de vida social em estado de estabilidade relativa. Quanto à revolução, ela é apenas "o caminho que irá de uma topia a outra", de uma estabilidade relativa a outra estabilidade relativa – uma proposição que se aproxima perigosamente de uma concepção cíclica da história, inspirada pelo eterno retorno nietzschiano, em que cada utopia torna-se, por sua vez, "topia". Que restará do socialismo em tal perspectiva circular? Landauer parece sugerir que não é da revolução política, mas de uma revolução social – um tipo de regeneração social e espiritual radical – que ele espera o advento do socialismo libertário[14]. Apesar de certa imprecisão conceitual e teórica, esse ensaio pioneiro irá exercer uma profunda influência na renovação do pensamento sobre

---

13 Pode-se comparar essa definição com a do sociólogo das religiões Jean Séguy: a utopia é uma construção ideal que invoca o passado, apesar do presente, com vistas a outro futuro. Ela pode ser regressiva ou progressiva: em último caso, o futuro não reproduz o passado, mas o leva a uma plenitude sempre aberta. Jean Séguy, *Conflit et utopie, ou reformer l'Elise: Parcours wébérien en douze essais*, Paris: Cerf, 1999.
14 *La Révoltion*, p. 18-26.

a utopia no começo do século XX, notadamente nos trabalhos de Ernst Bloch e de Karl Mannheim.

Manifesto ao Socialismo, de 1911, desenvolve e concretiza os temas esboçados em *La Révolution*. Landauer critica diretamente a filosofia do progresso comum aos liberais e marxistas da Segunda Internacional: "Nenhum progresso, nenhuma técnica, nenhuma virtuosidade nos trarão a salvação e a felicidade". Rejeitando "a crença na evolução progressista (*Fortschrittsentwicklung*)" dos marxistas alemães, ele apresenta sua própria visão da mudança histórica:

> Para nós, a história humana não é feita de processos anônimos, e não é somente uma acumulação de inumeráveis pequenos eventos. [...] Lá onde aconteceu para a humanidade alguma coisa de elevada e grandiosa, de perturbadora e inovadora, foi o impossível e inacreditável [...] que levou-nos à mudança.

O momento privilegiado dessa irrupção do novo é precisamente a revolução, quando "o inacreditável, o milagre, se desloca para o reino do possível"[15].

Como nos românticos "clássicos", a *Gemeinschaft* medieval ocupa um lugar de honra na problemática restauradora de Landauer. Ele retorna, em *Manifesto ao Socialismo*, às virtudes espirituais da Idade Média cristã – em sua dimensão "católica" universal e não "alemã-patriótica" –, essa época de "elevação retumbante", em que "o espírito dá à vida um sentido, uma sacralização e uma bênção". Ele enxerga, nas comunidades e associações medievais, a expressão de uma vida social autêntica e rica em espiritualidade, que ele opõe ao Estado moderno, "esta forma suprema do não espírito (*Ungeist*)", e acusa o marxismo de negar a afinidade entre a sociedade do futuro e certas estruturas sociais do passado como as repúblicas urbanas da Idade Média, a Marcha rural e a Mir [comuna rural anterior à revolução de 1917] russa[16].

---

15 *Aufruf zum Sozialismus* [1911], Berlin: Paul Cassirer, 1919, p. 11, 44, 108 e prefácio à reedição de 1919, p. x.
16 Idem, p. 9, 20, 43. Landauer parece ignorar que Marx e Engels perceberiam precisamente na Marcha germânica e na Mir russa pontos de apoio para um desenvolvimento em direção ao socialismo. Sobre esse tema, ver M. Löwy; R. Saure, op. cit.

Entretanto, Landauer não tem nada de passadista; ele não sonha, nem um pouco, como Novalis e outros românticos conservadores, em restaurar o cristianismo medieval. Anarquista convicto, ele se proclama herdeiro de La Boétie, Proudhon, Kropotkin, Bakunin e de Tolstói, para opor ao Estado centralizado a *regeneratio* da sociedade pela constituição de uma nova rede de estruturas autônomas, inspiradas nas comunidades pré-capitalistas. Não se trata de retornar ao passado medieval, mas de dar uma nova forma ao antigo e criar uma *cultura* com os meios da *civilização*[17].

Isso significa concretamente que as formas comunitárias do passado, que são preservadas durante os séculos de decadência social, deveriam tornar-se "os germes e cristais da vida (*Lebenskristalle*) da cultura socialista por vir". As comunas rurais, com seus vestígios da antiga propriedade comunal e sua autonomia em relação ao Estado, serão o ponto de apoio para a reconstrução da sociedade; os militantes socialistas se instalarão nas aldeias, ajudando a ressuscitar o espírito dos séculos XV e XVI – o espírito dos camponeses heréticos e revoltados do passado – e a restabelecer a unidade (destruída pelo capitalismo) entre agricultura, indústria e artesanato, entre trabalho manual e trabalho espiritual, entre ensino e aprendizado[18].

Em um ensaio sobre Walt Whitman, Landauer compara o poeta americano a Proudhon, ressaltando que ambos reúnem "espírito conservador e espírito revolucionário, individualismo e socialismo"[19]. Essa definição se aplica rigorosamente à sua própria visão social do mundo, cuja dialética utópica reata tradição ancestral e esperança do porvir, conservação romântica e revolução libertária. Como observa Martin Buber no capítulo "Landauer" do seu livro *Der utopische Sozialismus* (O Socialismo Utópico): "O que ele tem em mente é, decisivamente, uma conservação revolucionária: seleção revolucionária dos

---

17 Idem, p. 6, 100, 102. O termo *Kultur* designa, no pensamento social alemão da virada do século XIX para o XX, um conjunto de valores culturais, artísticos, religiosos e sociais tradicionais, ao passo que *Zivilisation* remete ao mundo moderno da ciência, da tecnologia e da produção industrial.
18 Idem, p. 46-47, 87, 145-146, 149.
19 "Walt Whitman" [1907], *Werdende Mensch*, p. 190.

elementos da entidade social, dignos de ser conservados, adequados à nova construção"[20].

Ao ler os comentários de alguns contemporâneos sobre Landauer, somos surpreendidos pela *aura religiosa* da personagem. Martin Buber se refere a ele como um herdeiro dos profetas e mártires judeus do passado, e Hans Kohn o exalta como "um visionário messiânico na tradição dos profetas". Até mesmo o cético Karl Mannheim é fascinado por Landauer e vê nele o representante mais típico do anarquismo radical enquanto *forma moderna do quiliasmo*, "um temperamento de acuidade demoníaca [*Seelenhaltung von dämonischer Tiefe*]"[21].

Contra a filosofia evolucionista do progresso, comum aos liberais e social-democratas, Landauer esboça uma concepção da história inspirada ao mesmo tempo no romantismo alemão e no messianismo judeu. Analisando os escritos de Landauer como figura típica do milenarismo – "quiliasmo" é o termo que ele emprega – libertário, Karl Mannheim mostra que essa forma de pensamento recusa todo conceito de evolução, toda representação de progresso: no quadro de uma "diferenciação *qualitativa* do tempo", a revolução é percebida como uma *irrupção* (*Durchbruch*), um instante abrupto (*abrupten Augenblick*), uma *experiência do agora* (*Jetzt-Erleben*)[22]. Essa análise é tão mais impressionante quando se aplica não só a Landauer, mas também, com algumas nuances aproximadas, a Walter Benjamin e a muitos outros pensadores judeus alemães.

Na concepção messiânica da história sugerida por Landauer, os judeus ocupam um lugar particular: sua missão (*Ant*), sua vocação (*Beruf*) ou tarefa (*Dienst*) é de auxiliar na transformação da sociedade e na gestação de uma nova humanidade. Por que o judeu? Landauer responde a essa questão num texto que tem suscitado vários debates nos meios judaicos da Europa central, por legitimar a diáspora:

---

20 *Utopie et socialisme*, Paris: Aubier-Montaigne, 1977, p. 89. (Trad. bras., *O Socialismo Utópico*, 2. ed., São Paulo: Perspectiva, 2007, p. 68.)
21 M. Buber, Landauer und die Revolution, *Masken*, Heft 18/19, 1919, p. 290-291; H. Kohn, "Gustav Landauer", *Jüdisches Lexikon*, Berlin: Jüdischer Verlag, 1928, p. 965; K. Mannheim, *Ideologie und Utopie*, 5. ed., Frankfurt: Schülte-Bumke, 1969, p. 210.
22 *Ideologie und Utopie*, p. 196.

Uma voz irrefutável, como um grito selvagem que ressoa no mundo inteiro e como um suspiro em nosso fórum íntimo, nos diz que a redenção do judeu não poderá ter lugar senão no mesmo tempo que a da humanidade; e que os dois são uma só e mesma coisa: aguardar o Messias no exílio e na dispersão e ser o Messias dos povos[23].

Trata-se, é claro, de uma forma clássica do *messianismo pária*, que inverte, no domínio espiritual, o "privilégio negativo" (Max Weber) do povo pária. Porém, para Landauer, essa vocação judaica é ainda anterior à diáspora: Ela remonta às origens bíblicas. Em um comentário sobre Strindberg publicado em 1917, ele afirma a existência de duas grandes profecias na história: "Roma, a dominação do mundo, Israel, a redenção do mundo". Na tradição judaica, que jamais esquece a promessa de Deus a Abraão – a redenção do povo judeu com a de todas as nações –, ele vê a manifestação "de uma concepção, de uma fé, de uma vontade messiânicas"[24].

Enquanto a espiritualidade de Buber depende da fé religiosa no sentido estrito, a do filósofo anarquista judeu-alemão pertence antes ao domínio ambíguo do *ateísmo religioso*. Landauer se recusa a acreditar em um deus "para além da terra e para além do mundo [*überiridischen und überweltlichen Gott**]"; seguindo Feuerbach e Marx, ele afirma que foi o homem que criou Deus e não o contrário[25]. Poderíamos então associá-lo ao ateísmo. Mas isso não o impede de definir o socialismo como uma religião: "O socialismo é a tentativa de conduzir a vida comum dos homens em direção à associação livre em um espírito comum, ou seja, em direção à religião..."[26]. Trata-se, na realidade, do sentido etimológico da palavra: *re--ligare*, unir por um laço.

Adversário resoluto da guerra desde 1914, Landauer reage com uma esperança apaixonada à Revolução de Outubro de 1917 na Rússia, que ele considera um acontecimento de importância

---

23 Sind das Ketzergedanken?, *Werdende Mensch. Aufsätze über Leben und Schriften*, Potsdam: Gustav Kiepenhauer Verlag, 1921, p. 125.
24 Strindbergs Historischen Miniaturen [1917], idem, p. 284.
* Supraterreno e supramundano (N. da T.).
25 Gott und der Sozialismus [1911], idem, p. 30-35.
26 Volk und Land (1907), *Beginnen. Aufsätze über Sozialismus*, Köln: Marcan--Block Verlag, 1924, p. 30.

primordial, inclusive para o futuro dos judeus[27]. Em uma carta a Buber de 5 de fevereiro de 1918, ele explicita essa posição. De modo contrário ao seu amigo que continua a voltar os olhos para a Palestina, ele escreve:

> Meu coração nunca me chamou atenção para esse país, e não penso que ele tenha necessariamente a condição geográfica de uma *Gemeinschaft* judaica. O verdadeiro acontecimento, que é para nós importante e talvez decisivo, é a libertação da Rússia [...] nesse momento me parece preferível – apesar de tudo – não que Bronstein seja professor na Universidade de Jaffa [na Palestina], mas, antes, Trótski na Rússia[28].

Desde que a revolução eclode na Alemanha (novembro de 1918), ele saúda com fervor "o Espírito da Revolução", que compara à ação dos profetas bíblicos[29]. Em janeiro de 1919, escreve um novo prefácio para a reedição de *Manifesto ao Socialismo*, no qual seu messianismo se manifesta em toda sua intensidade dramática, ao mesmo tempo apocalíptico/religioso e utópico-revolucionário: "O caos é aqui [...] Os espíritos despertam [...] que da Revolução nos venha a religião – uma religião da ação, da vida, do amor, que restitui a bem-aventurança, que traz a redenção e que sobrepuja tudo". Aos seus olhos, os conselhos operários que se desenvolvem na Europa são "partes orgânicas do povo que se autogerem (*selbst-bestimmend*)" e é provável que ele os considerasse uma nova figura das comunidades autônomas da Idade Média[30].

Isso nos permite compreender por que ele se engaja na efêmera República dos Conselhos operários da Baviera (abril de 1919), onde se torna – apenas durante alguns dias – o comissário do povo para o Ensino público. No momento da queda

---

27 Heinz Joachim Heydorn, Geleitwort, em G. Landauer, *Zwang und Befreiung*, Köln: Hegner Bücherei, 1968, p. 15.
28 Essa carta não foi publicada na coletânea editada por Buber em 1928. Ela se encontra na correspondência póstuma publicada em 1972. *Martin Buber Briefwechsel aus sieben Jahrzenten, I: 1897-1918*, Heidelberg: Lambert Schneider, 1972, p. 258.
29 Citado em U. Linse, op. cit., p. 63.
30 Cf. G. Landauer, Vorwort zur neuen Ausgabe [1919], *Aufruf zum Sozialismus*, p. VII, VIII, X, XVII; e carta a Hans Cornélius, 20 de março de 1919, *Briefe*, II, p. 403. Ver também H. J. Heydorn, Geleitwort, op. cit., p. 30.

da República dos Conselhos, em 2 de maio de 1919, ele será preso e assassinado pelos guardas brancos. Em um artigo redigido naquele momento, Martin Buber lhe dedica uma última homenagem; "Landauer caiu como um profeta e mártir da comunidade humana por vir"[31].

---

31 Buber compara Landauer aos seus ancestrais, os profetas e mártires judeus do passado, e o Cristo crucificado pelos romanos.

9. A Utopia Comunitária de Martin Buber

Filósofo social de inspiração religiosa, militante sionista e guru do movimento dos *kibutz*, Martin Buber representou um papel pioneiro no movimento de "retorno ao judaísmo". Por sua redescoberta das lendas hassídicas (1906-1908) e por suas célebres conferências sobre o judaísmo no círculo Bar-Kokhba de Praga (1909-1911), ele renovou profundamente a espiritualidade judaica moderna. A propagação de suas ideias – tanto políticas como religiosas – marcou toda uma geração de intelectuais judeus, de Praga a Viena, e de Budapeste a Berlim. A imagem do judaísmo que ele apresentava era radicalmente distinta, tanto do liberalismo assimilado – e da *Wissenschaft des Judentums* (ciência do judaísmo) – quanto da ortodoxia: era uma religiosidade romântica e mística, impregnada de crítica social e de nostalgia comunitária. Amigo próximo de Franz Rosenzweig – com quem colabora em um grande projeto de tradução alemã da *Bíblia* – e do filósofo libertário Gustav Landauer, representa também um papel na evolução espiritual de Gershom Scholem e de muitos outros jovens sionistas ligados aos movimentos Hapoel Hatzair (O Jovem Operário) ou Haschomer Hatzair (O Jovem Guarda). Franz Kafka lhe envia suas novelas e Georg Lukács faz apreciações simpáticas aos seus contos hassídicos. Na realidade, são raros os pensadores judeus da *Mitteleuropa* desta época que não foram tocados, em algum momento de suas vidas, pelos escritos de Buber.

Um dos aspectos mais significativos dessa interpretação neorromântica é a importância atribuída ao *messianismo*. Em seus discursos de Praga, Buber proclama que o messianismo é "a ideia mais profundamente original do judaísmo". Trata-se da aspiração a "um porvir absoluto que transforma toda realidade passada e presente", um porvir que entrevê o advento de um "mundo da unidade"[1]. O advento messiânico, para Buber, não se situa no além, mas no mundo terreno: ele não é um acontecimento histórico, mas "se prepara na história". Concebido em uma perspectiva ao mesmo tempo utópica e restitucionista, a chegada do Messias é um mistério "em que o passado e o futuro, o fim dos tempos e a história estão ligados [...]. Ele tem a forma do passado absoluto e carrega o germe do futuro absoluto"[2].

De modo perfeitamente heterodoxo em relação às doutrinas rabínicas, Martin Buber situou no coração de sua ideia do messianismo judeu *o concurso ativo dos seres humanos – como parceiros de Deus – na redenção*: "O teologúmeno judaico central, não formulado, não dogmático, mas plano de fundo e coesão de toda doutrina e profecia, é a crença na participação da ação humana na obra da redenção do mundo"[3]. A mensagem do hassidismo, tal como Buber interpreta, é que o ser humano não está condenado à espera e à contemplação: lhe é dado agir sobre a redenção, elevando e libertando as centelhas da luz divina dispersas pelo mundo[4]. Isso significa que Deus não é onipotente, que Ele não *pode* salvar o mundo sem a ajuda dos seres humanos? Não, responde Buber; isso significa apenas que Ele não *deseja* a redenção sem a participação dos homens: foi concedida às gerações humanas uma "força de cooperação" (*mitwirkende Kraft*), uma "*força messiânica*" (*messianische Kraft*) atuante[5].

---

1 *Judaïsme*, Lagrasse: Verdier, 1983, p. 27, 41.
2 Das messianische Mysterium (Jesaja 53), conferência inédita, em Berlim, a 6 de abril de 1925, Archive Buber de Jérusalem, Ms. Var 350, 64 Zayin, p. 7.
3 Idem, p. 9.
4 *Die Legende des Baa-Schem* [1908], Berlin: Schocken, 1932, p. 36-37. (Trad. bras., *A Lenda do Baal Schem*, São Paulo: Perspectiva, 2003, p. 38-40.)
5 *Die chassidische Bücher*, Berlin: Schocken Verlag, 1927, p. XXIII-XXVII.

É por essa razão que ele irá opor, de maneira cada vez mais categórica, o *profetismo messiânico* – a escatologia propriamente dita – à *apocalíptica* – concepção escatológica de origem indiana: a primeira entrega a preparação da redenção à humanidade, ao poder de decisão de cada homem interpelado, enquanto a segunda concebe a redenção como um futuro imutável, predeterminado em seus menores detalhes, que se utiliza dos homens apenas como instrumentos[6].

Um liame íntimo reatado, para Buber, o messianismo à utopia comunitária. Em um ensaio em homenagem a Gustav Landauer publicado em 1919 – *La Voie Sacrée* (A Via Sagrada) – ele observa: "A espera do Messias é a espera da verdadeira comunidade". Mas, antes da espera, é da *ação* que precisamos falar, na medida em que o futuro depende dos próprios seres humanos: "Enquanto o Reino de Deus não é instaurado, jamais ele [o povo judeu] reconhecerá um homem como Messias, e, entretanto, ele não cessará de aguardar do homem a redenção, porque é no homem que ele volta a fundar (*begründen*) o poder de Deus sobre a terra". Ele designa esse empenho como um *messianismo ativo*, que não espera passivamente a chegada do Messias, mas deseja "preparar o mundo para o reino de Deus". Buber não reconhece Jesus como o Messias, mas vê nele um autêntico profeta judeu, para quem o futuro reino de Deus era idêntico à "vida dos homens em harmonia, atingindo sua perfeição", isto é, "a verdadeira comunidade e, assim, a soberania imediata de Deus, Sua *Basileia*, Seu reino terrestre [...] O Reino de Deus é a comunidade que vem, aquela em que todos os que têm fome e sede de justiça serão saciados"[7].

Martin Buber é alguém que não para de acreditar, contra ventos e marés, no ideal de um viver humano em união. Primeiramente entre os povos. Ele lutou, com coerência e obstinação, para que o movimento sionista respeitasse os direitos dos árabes-palestinos, para que os dois povos se reconheçam reci-

---

6   A distinção remonta aos primeiros trabalhos de Buber sobre o profetismo. Ver, por exemplo, a conferência de 1930 sobre "As Duas Casas da Alma Judaica", em *Kampf um Israel*, Berlin: Schocken, 1933, p. 50-67. Uma formulação concisa pode ser encontrada em *Utopie et Socialisme*, Paris: Aubier, 1977, p. 29-30. (Trad. bras., *O Socialismo Utópico*, p. 18-19.)

7   La Voie sacrée [1919], *Judaïsme*, p. 92, 100-102. Cf. o original em alemão: *Der heilige Weg*, Frankfurt: Rütten & Loening, 1920, p. 17-19, 36, 40-41.

procamente e possam viver unidos, em paz e cooperação, sobre a mesma terra. Fiel à sua filosofia dialógica do "Eu e Tu", ele não deixará de preconizar, até sua morte em 1965, o diálogo entre judeus e árabes, contra as soluções impostas pelo subterfúgio, pela violência ou pela afirmação da personalidade egoísta.

Em 1918, através de uma carta a seu amigo Hugo Bergmann, também militante sionista, ele relata seu temor de que o movimento sionista caia nas mãos de "nacionalistas desenfreados (sobre o modelo europeu), imperialistas, [...] espíritos mercantis sedentos por sucesso". E, em 1919, ele insiste, em um editorial de sua revista, sobre a importância de uma "aliança durável e amigável com os árabes, em todos os domínios da vida pública", porque a liberdade do povo judeu não é possível sem se respeitar uma exigência ética fundamental: "A justiça e a verdade entre os povos"[8].

A partir de 1925, Buber fará parte de um movimento existente no interior do sionismo, a Brit Schalom[9], "Aliança pela Paz", que luta pela ideia de que a Palestina é uma terra que pertence a dois povos que devem poder viver em conjunto e trabalhar por um futuro comum. Entre os principais membros desse pequeno grupo, em geral a contracorrente da política sionista oficial, encontramos Gershom Scholem, Arthur Ruppin, Shmuel Hugo Bergmann, Robert Weltsch, Ernst Simon e Hans Kohn – sendo os quatro últimos próximos de Buber. Depois da dispersão da Brit Schalom, seu combate será retomado, a partir de 1942, pela organização Ihud (União) – que propõe um governo binacional para a Palestina, sobre a base dos direitos políticos iguais para os dois povos – onde encontramos Buber e seus amigos, assim como Henrietta Szold (fundadora do movimento Hadassá) e Judah Leib Magnes, reitor da Universidade Hebraica de Jerusalém. Essa era uma corrente bem minoritária, mesmo que, durante alguns anos, suas propostas tenham desfrutado do apoio de uma parte importante do movimento *kibutz*: a Haschomer Hatzair.

8 *Une Terre et deux peuples: La Question judéo-arabe*, textos reunidos e apresentados por Paul Mendes-Flohr, Paris: Lieu Commun, 1987, p. 55, 58, 60.
9 Sobre a Brit Shalom, ver os artigos de Gershom Sholem publicados na revista do movimento, *Sheifotenou*, doravante traduzidos para o francês em G. Scholem, *Le Prix d'Israël*, textos reunidos e apresentados por Michel Valensi e Patricia Farazzi, Paris/Tel Aviv: Editions de l'éclat, 2003.

Independente da solução constitucional avançada em determinado período – Estado binacional, federação, ou confederação judeu-árabe –, Buber insistia sempre acerca de um princípio ao mesmo tempo moral e político: os dois povos, judeu e árabe, têm o mesmo direito de viver sobre esta terra. Como escreveu em 1947, em um artigo intitulado "Deux peuples en Palestine" (Dois Povos na Palestina), "portanto, com os dois povos vivendo um ao lado do outro, na Palestina, há realmente necessidade de autodeterminação, de autonomia, de possibilidade de decidir livremente". Esse princípio não perdeu sua atualidade e sua pertinência meio século mais tarde[10].

É em nome de certa concepção ética da política – inspirada na ideia bíblica e profética de justiça – que Buber irá denunciar atos criminosos cometidos em nome desse movimento sionista que ele contribuiu para ser fundado, tais como os massacres de Deir Yassim – pelo Irgoun, em 1948 – ou de Kfar Kassem – pelos guardas da fronteira, em 1956 –, assim como as medidas discriminatórias tomadas por diversos governos israelenses contra a minoria árabe. Enfim, ainda em 1961, em nome do Ihud, ele se posiciona contra a recusa de David Ben-Gurion a admitir o direito de regresso ao menos de uma parte dos refugiados palestinos de 1948[11].

Partindo da mesma filosofia do diálogo que inspirou suas tomadas de posição sobre a convivência entre judeus e árabes, Martin Buber levou também uma notável contribuição à utopia socialista, ou seja, ao sonho de uma existência harmoniosa em comum entre os indivíduos, graças à construção de uma sociedade livre, igualitária e fraternal, sem dominação nem exploração. Buber era um utopista e não escondia isso. Mas o que quer dizer utopista? Segundo o venerável *Oxford Concise Dictionary*, na página 1183 da edição de 1987, a palavra se refere a um "ardente reformador, mas que é carente de sentido prático". Essa é uma definição bem redutora. De fato, o utopista é simplesmente o partidário de uma ordem social justa e humana que não existe ainda, em *nenhum lugar* (*u-topos*, em grego).

---

10 *Une Terre et deux peuples*, p. 261.
11 Idem, p. 373-374.

Como todo grande pensador da utopia, desde Thomas More até Marx, Martin Buber é, antes de tudo, um crítico da ordem das coisas existentes. Seu diagnóstico da sociedade moderna é de uma grande lucidez e de uma extraordinária atualidade.

Para dar conta do mal que sofre a civilização, Buber se serve de uma antiga imagem judaica, que ilustra a transformação monstruosa de um ser artificial, criado pelos seres humanos, potencialmente incontrolado e maléfico: o Golem. Há cerca de um século, escreve ele em 1938, no ensaio "Was ist der Mensch?" (O que é o Ser Humano?), que a humanidade se afunda em uma crise cada vez mais grave, resultado de sua incapacidade de controlar o mundo que ela mesma instituiu. Esse mundo tornou-se mais poderoso que ela, está liberto do seu domínio, ele a confronta como uma força independente, e ela "não conhece a palavra que poderá domesticar e tornar inofensivo o Golem criado por ela". Esse fracasso manifestou-se na época moderna em três domínios essenciais. O primeiro é o da técnica: as máquinas não são mais extensão do braço humano; são os humanos que delas se tornaram extensão, a periferia; elas não estão mais a serviço do trabalho humano, mas, ao contrário, é este que se coloca a serviço delas. O segundo é o da esfera econômica: a produção e a utilização de bens escaparam de todo controle racional. O terceiro é o do universo político: aí também, como mostrou de modo brutal a Primeira Guerra Mundial, o ser humano é confrontado com o fato de que ele deu à luz demônios que não pode mais controlar[12].

Qual a origem dessa situação, que ele descreve em seu célebre *Je et Tu* (Eu e Tu) (1923) como a transformação do mundo do *Cela* (Aquilo), o mundo das coisas exteriores, abandonado a si mesmo, isto é, privado do contato e da influência do *Tu*, em um *pesadelo alienado*[13]? É o crescente declínio das antigas formas comunitárias, as formas orgânicas nas quais havia uma vida de relações diretas entre seres humanos em união, sentida por cada indivíduo como um destino ou uma tradição vital.

---

12 *Between Man and Man*, London: Kegan Paul, 1947, p. 158.
13 *Je et Tu*, Paris: Aubier, 1969, p. 96. A tradução francesa aqui está incompleta: falta a palavra chave *enfremdet*, "alienado" (ou "se aliena"). Cf. M. Buber, *Ich und du*, Köln: Jakob Hegner, 1966, p. 75.

A destruição dessas formas, sua decomposição, sua perda de significação espiritual deixou os indivíduos modernos abandonados, entregues à sua profunda solidão, e confrontados ao mundo hostil de suas próprias criações[14].

As sociedades pré-capitalistas – por exemplo, da Idade Média – eram estruturas ricas, complexas e pluralistas de grupos sociais: as guildas, corporações e confrarias, as igrejas e monastérios, as cooperativas de vilarejos e de ligas urbanas. A sociedade não era composta de indivíduos isolados, mas de unidades de companheirismo, de "células" de vida comum amplamente autônomas, federadas ou confederadas entre elas. Essa estrutura social "rica" "pela coação da economia e do Estado capitalista [...] se foi alterando progressivamente, de sorte que o moderno processo de individualização se efetuou em forma de desintegração". O tecido vivo é necrosado e a sociedade se torna completamente "amorfa, invertebrada, pobre de estruturas", ao passo que os indivíduos ficam entregues ao que Buber chama de, em uma imagem impressionante, "solidão em massa". Em outros termos: "A era do capitalismo avançado quebrou a estrutura da sociedade", porque "o capital deseja ter relação face a face apenas com indivíduos, e o Estado moderno lhe facilita a tarefa desapossando, progressivamente, a autonomia da vida dos grupos"[15].

O diagnóstico agudo e penetrante de Buber pertence, sem dúvida, ao âmbito do que poderíamos chamar de *protesto romântico contra a civilização capitalista/industrial moderna*, ou seja, faz parte da crítica cultural sobre essa civilização em nome de valores sociais, éticos ou religiosos pré-modernos. Contudo, ao contrário da maioria dos românticos alemães, Buber – como muitos outros pensadores judeus românticos da Europa central, o seu amigo socialista libertário Gustav Landauer, ou outro utopista moderno, Ernst Bloch – não aspira ao retorno ao passado, com vistas à restauração da Idade Média ou ao restabelecimento da antiga comunidade. Como veremos em um instante, isso lhe parece tão irrealizável quanto indesejável.

---

14 *Between Man and Man*, p. 157-158.
15 *Utopie et Socialisme*, p. 35-36, 209. (Trad. bras., p. 25-26.)

Seu diagnóstico acerca da sociedade capitalista foi, não resta dúvida, influenciado pela análise do fundador da sociologia alemã, Ferdinand Tönnies, que trata da passagem da *Gemeinschaft* (comunidade) tradicional à *Gesellschaft* (sociedade) moderna. O universo comunitário – família, vilarejo, cidade pré-moderna – é *orgânico* e regulado pelos costumes, comportamento e ritos; o trabalho é motivado pelo prazer e pelo amor de produzir, que se manifestam na economia doméstica, na agricultura e no artesanato: as relações sociais se caracterizam pelo auxílio recíproco e confiança mútua, e a vida do espírito é orientada pela *Kultur*, isto é, pela religião, arte, moral e filosofia. O mundo societário, ao contrário – a grande cidade, a fábrica, a administração – é *artificial* e mecânico, regido pelo contrato, pelo cálculo, pela especulação e pelo lucro; o ganho é o único fim do trabalho, que é rebaixado à condição de simples meio no comércio e na indústria moderna: a vida social é dilacerada pelo egoísmo, pela guerra hobbesiana de todos contra todos, no quadro do desenvolvimento constante e irreversível da *Zivilisation* (o progresso tecno-industrial)[16].

Buber não está longe de dividir essa visão crítica da modernidade social capitalista, contudo ele se distingue de Tönnies por rejeitar toda mirada nostálgica regressiva. Desde 1900, em um dos seus primeiros textos, a conferência "L'Ancienne et la nouvelle communauté" (A Antiga e a Nova Comunidade), ele anuncia as grandes linhas de força de sua teoria sobre a comunidade utópica. Nesse documento, real pioneiro do ponto de vista sociológico e político, ele enuncia uma concepção profundamente inovadora e revolucionária: a nova *Gemeinschaft* não será, como a antiga descrita por Tönnies, "pré-social", mas antes "*pós-social*", isto é, incorporará todas as liberdades modernas, indo muito além da sociedade burguesa e de suas normas. Ela nega o princípio de utilidade, o jugo pesado do utilitarismo e da divisão especializada do trabalho, que fazem da *Gesellschaft* moderna um mundo de escravidão, e os substitui pelo princípio de criatividade, que permitirá aos indivíduos realizar sua humanidade integral[17].

---

16 F. Tönnies, *Communauté et Société*, Paris: PUF, 1944.
17 M. Buber; P. Mendes-Flohr; Bernard Susser, An Unpublished Buber Manuscript, *AJS Review*, Association for Jewish Studies, Cambridge: Massachussetts,

Quais são as principais diferenças entre a antiga e a nova comunidade? Conforme Buber, a antiga – tribo, clã, corporação, seita religiosa – é um universo de constrangimento: ela não aceita senão uma única palavra, que se petrifica bem depressa sob a forma do dogma, e uma única opinião, que se transforma rapidamente em uma lei coercitiva. A nova comunidade, pelo contrário, será um mundo da mais elevada liberdade, pela qual a diversidade de opiniões e de manifestações pessoais vitais será tão indispensável quanto a das formas e das cores. Enquanto as comunidades do passado estão fundadas no parentesco de sangue (*Blutverwandtschaft*), as do futuro serão fundadas na afinidade eletiva (*Wahlverwandtschaft*), na livre escolha recíproca dos indivíduos.

É só nessa nova comunidade, conclui Buber em sua conferência de 1900, que se poderá cumprir "o antigo e eternamente renovado sonho" de renascimento, na medida em que "a potente unidade vital do ser humano primitivo (*Urmenschen*), que foi durante muito tempo fragmentada e dilacerada, poderá retornar sob uma forma atualizada, em um nível superior, e à luz de uma consciência criativa"[18].

Se esse texto está impregnado da nostalgia romântica pela comunidade primitiva perdida, a proposta de uma nova comunidade, *pós-social*, é a expressão de sua filosofia social de caráter utópico e direcionada para o futuro. É claro, o conteúdo social e econômico da comunidade ainda permanece muito impreciso, mas já percebemos, nesse texto inaugural, ser esboçada a utopia sonhada por ele.

Essa problemática será, em seguida, desenvolvida em diversos escritos, notadamente em *O Socialismo Utópico*, seu livro mais importante no campo sociopolítico. Como bem mostrou Emmanuel Lévinas, em seu belo prefácio à tradução francesa (1977), a reflexão de Buber sobre o socialismo está fundada em sua antropologia filosófica, em que "a relação do homem com seu próximo é concebida no célebre modelo do 'Eu e Tu', distinta da objetivação e da dominação". O modelo "Eu e Tu" permite, observa Lévinas, "pensar firmemente a distinção entre a socie-

v. 1, 1976, p. 54. Esse documento capital permanece inédito até 1976 e nunca recebeu uma tradução francesa.
18 Idem, p. 55-56.

dade e o Estado e conceber uma coletividade sem 'poderes'". O ensaio sobre a utopia pode, portanto, ser considerado "um prolongamento sociológico – e imediatamente socialista – desta antropologia"[19].

Essa obra, publicada em 1947 primeiramente em hebraico, é intitulada *Netivot be Utopia* (Sendas à Utopia). Esse título é importante. A imagem que ele escolhe para descrever o caminho em direção à utopia não é a de uma via de estrada de ferro percorrida por um trem de alta velocidade, uma via já traçada por duas barras rígidas de aço, sobre as quais a locomotiva da história avança inexoravelmente. Trata-se menos ainda de uma autoestrada pavimentada, sobre a qual progridem, em uma velocidade extraordinária, automóveis modernos e competitivos. Trata-se de modestas sendas, no plural, pelas quais indivíduos, grupos humanos, buscam seu caminho, nas montanhas ou na floresta. Sendas muitas vezes inexistentes, de modo que o caminho é traçado pelos passos dos próprios viajantes, à medida que eles avançam tateando.

O livro é, antes de tudo, um percurso pela história do socialismo moderno, de Saint-Simon e Fourier ao *kibutz*, passando por Marx e Lênin. A preferência de Buber é pelo socialismo libertário – Proudhon, Kropotkin e, sobretudo, Gustav Landauer, seu amigo de juventude, tragicamente assassinado pelos militares em maio de 1919, logo depois da derrota da Revolução Bávara dos Conselhos. Buber partilha com Landauer a ideia de que é necessário começar desde já a construção do socialismo, criando comunidades rurais socialistas, "vilarejos socialistas com ateliês e fábricas aldeãs". A revolução política é, aos seus olhos, necessária, mas seu papel será exclusivamente de libertar a sociedade dos obstáculos econômicos e políticos que impedem sua organização em um espírito comunitário. E acima de tudo, ele divide com seu amigo a rejeição por todo sistema rígido: o socialismo, escrevia Landauer, deve se inspirar no jubileu mosaico, como "revolução [..] que se declare, a si mesma,

---

19 Préface, em M. Buber, *Utopie et Socialisme*, p. 11. É de se notar que Lévinas admitia a atualidade do livro de Buber nos anos de 1970, em um momento no qual "a condenação do stanilismo pela própria sociedade que ele preparava" abalou as consciências e permitiu a busca de "novas sínteses" no terreno do socialismo. Idem, p. 8.

como permanente": "A revolução deve ser um ingrediente da nossa ordem social, o fundamento do nosso regime"[20].

Se ele está próximo dos socialistas libertários pela aspiração a uma livre federação decentralizada de comunidades autônomas – no seio das quais os indivíduos estariam unidos pelas relações de diálogo, reciprocidade, cooperação e ajuda mútua –, Buber se distingue deles por suas propostas sobre o Estado: ele não visa aboli-lo pura e simplesmente, como exige a tradição anarquista, mas sugere suprimir o que chama de "Estado excessivo" (*Mehrstaat*). O que quer dizer esse termo? Em cada época, os seres humanos que vivem conjuntamente em um determinado espaço são capazes, apenas até certo ponto, de manter, entre eles mesmos, uma ordem justa e de administrar, consequentemente, seus deveres comunitários. Enquanto a sociedade permanecer um agregado de indivíduos, não há entre eles nenhuma coesão interna, ela não poderá ser mantida a não ser por um princípio "estatal", um princípio de dominação e coerção. O grau de incapacidade de produzir uma ordem voluntariamente justa determina correlativamente o grau de coerção legal, ou seja, do Estado. Todo poder que existe além deste limite é excessivo e inútil. Só a renovação da sociedade pela criação de estruturas orgânicas – o "tecido celular" da vida social –, pela união dos indivíduos em pequenos grupos livremente associados sobre a base da vida comunitária, cria as condições para reduzir o caráter repulsivo do Estado, dissolvendo essa parte do Estado que é supérflua e sem fundamento...[21]

Buber se diferencia também dos anarquistas por seu interesse pela obra de Marx, ao qual dedica um dos principais capítulos do seu livro. Ele chama atenção para os textos de juventude de Marx que apresentam a revolução política, a derrubada do poder estabelecido, exclusivamente como um *meio* necessário ao socialismo: desde o momento em que este começa sua atividade organizadora, desde quando se manifesta seu fim próprio, ele "se desembaraça de sua máscara política". Marx compartilha, então, com o que Buber chama de "socialismo utópico", a aspiração a substituir o princípio político pelo princípio social.

---

20 Idem, p. 99. (Trad. bras., p. 76.) A citação é extraída do livro de G. Landauer, *Aufruf zum Sozialismus*, de 1911.
21 Idem, p. 85-86. (Trad. bras., p. 65-66.)

Buber critica a tendência de Marx ao centralismo político e sua ambivalência face às tentativas de renovação social (como as cooperativas), contudo mostra como, também, em certos textos chaves, ele se aproxima da ideia de uma regeneração comunitária da sociedade. É o caso dos escritos sobre a Comuna de Paris (1871), que definem o verdadeiro comunismo como uma federação descentralizada de comunas e cooperativas, ou das cartas e notas sobre a Rússia (1881) – redigidas, ressalta Buber, com "uma profundidade e probidade dignas de admiração" –, que apresentam a antiga comunidade rural russa, como o ponto de partida da regeneração social do país e do seu desenvolvimento, graças à revolução, em direção ao socialismo[22].

A utopia socialista conheceu também tentativas de realização. Buber se interessa, acima de tudo, por duas experiências que lhe parecem as mais importantes: a revolução russa e as fazendas coletivas na Palestina (o *kibutz*). A primeira fracassou, na sua opinião, ao construir o socialismo, na medida em que o centralismo político revolucionário, desde sua origem, predominou sobre a reconstrução da sociedade. Os sovietes eram concebidos por Lênin e seus camaradas apenas como instrumentos de poder político, e não como células de uma regeneração social e bases de um governo autônomo dos produtores. "Os tijolos com os quais se edificará o socialismo, ainda não foram fabricados", dizia Lênin. Por causa do seu centralismo, comenta Buber, ele não podia reconhecer e aceitar os sovietes como os tais tijolos, ele não podia ajudá-los a evoluir e eles não evoluíram[23].

Quanto à segunda experiência, o *kibutz*, ela lhe parece constituir, apesar dos seus limites, senão um sucesso, ao menos um "não fracasso exemplar". Só ali foi possível se criar – e se conhecer um desenvolvimento dinâmico e duradouro – verdadeiras cooperativas integrais, comunidades socialistas autênticas, federadas entre elas e visando exercer uma influência organizativa e estruturante sobre o conjunto da sociedade. Buber via na

---

22 Idem, p. 135-163. (Trad. bras., p. 103-124.)
23 Idem, p. 188-189. (Trad. bras., p. 143.) Fala-se de Stálin nas dez últimas páginas do capítulo intitulado Lênin e a Renovação da Sociedade. Buber parece não estar se dando conta da diferença de natureza entre o totalitarismo stalinista e o autoritarismo leninista: nem os grandes expurgos, nem o sistema concentracionário, nem o terror policial são levados em conta em sua análise.

experiência dos *kibutzim* uma alternativa ao fracasso do socialismo na URSS, e um exemplo para as sociedades europeias do pós-guerra que tomariam a via socialista para reconstruir sua economia. Essas sociedades deveriam, depois de ter iniciado uma socialização radical de sua economia – a começar pela expropriação do solo –, escolher entre a reestruturação da sociedade como uma comunidade de comunidades e a reabsorção da sociedade amorfa por um Estado todo-poderoso. Ao mesmo tempo, ele se dava conta dos problemas e das contradições do *kibutz* e percebia, de modo premonitório, o principal perigo que o ameaçava: não só a sociedade circunvizinha foge cada vez mais do impacto das comunidades rurais socialistas, mas também começa a exercer sobre elas uma influência determinante, levando-as a se assimilar. Podemos constatar, cinquenta anos mais tarde, a pertinência desse aviso[24].

◆ ◆ ◆

Não se trata de erigir as ideias socialistas de Buber a um novo paradigma ou a um modelo a ser seguido. Não é difícil pôr em evidência os problemas, as fragilidades ou os limites de sua reflexão. Simplesmente, aqueles que não acreditam no fim da história, os que não pensam que a ordem estabelecida das coisas é a forma última e definitiva da sociedade humana, os que sofrem com uma civilização que substitui a solidariedade pela competitividade e a fraternidade pela guerra hobbesiniana de todos contra todos, aqueles que são incapazes de se regozijar com a mercantilização e a monetarização de todas as relações humanas, os que não aceitam a injustiça de um sistema econômico e social que condena à exclusão dois terços da humanidade, aqueles que se revoltam contra "o horror econômico" que domina o planeta, de Norte a Sul e de Leste a Oeste, não deveriam poupar uma excursão pelas sendas da utopia abertas por Martin Buber.

---

24 Idem, p. 213-224. (Trad. bras., p. 159-171.) Por outro lado, Buber, apesar de sua sensibilidade sobre essa questão, não parece perceber os problemas que coloca a inserção do *kibutz* em um projeto nacionalista de "colonização do território palestino".

10. A Utopia Romântica de Walter Benjamin

Walter Benjamin estava longe de ser um pensador "utopista". Ao contrário do seu amigo Ernst Bloch, ele estava menos preocupado com o "princípio de esperança" que com a necessidade urgente *de organizar o pessimismo*, menos interessado pelos "dias vindouros que cantam" do que pelos perigos iminentes que espreitam a humanidade. Para tomar uma distinção útil sugerida por Daniel Bensaïd em um dos seus livros sobre Karl Marx, ele era menos um *oráculo* que prediz um porvir (utópico) inevitável, que um profeta que formula seus apelos ao condicional: a catástrofe é certa *se* (*a menos que*)...[1]

Encontramos, todavia, em momentos-chave de sua obra, fortes referências utópicas, que são inseparáveis de sua visão da história. Claramente inspiradas (depois de 1924) pelo marxismo, elas guardam, contudo, uma coloração libertária e uma abertura a questões heterodoxas – como a respeito da natureza e da igualdade entre os sexos – que lhe dão uma surpreendente atualidade.

❖ ❖ ❖

---

1 *Marx l'intempestif*, Paris: Fayard, 1995, p. 71-72.

Pensador contracorrente, Walter Benjamin não concebia a utopia como o resultado do progresso, o coroamento da evolução histórica em direção a um futuro melhor. Seu utopismo era sustentado por uma sensibilidade romântica, que contrastava nitidamente com as concepções positivistas e evolucionistas sobre o futuro.

Em que sentido se pode falar de "romantismo" a propósito de Benjamin? Como já dissemos, o romantismo não é apenas uma escola literária e artística do início do século XIX: trata-se de uma verdadeira *visão de mundo*, um estilo de pensamento que se manifesta em todas as esferas da vida cultural, desde Rousseau até os surrealistas (e mais além). Podemos definir a *Weltanschauung* romântica como um protesto contra a civilização capitalista moderna, em nome de valores pré-modernos (pré-capitalistas). Seu olhar nostálgico para o passado não significa necessariamente que ele seja retrógrado: tanto reação quanto revolução são figuras possíveis da visão romântica do mundo. Para o romantismo utópico/revolucionário, ao qual pertence Walter Benjamin, o objetivo não é um *retorno* ao passado, mas um *desvio* por este em direção a um novo futuro.

É um acaso que um dos primeiros artigos publicados por Benjamin se intitule precisamente "Romantik" (1913)? Ele convida ao nascimento de um *novo romantismo* e celebra as aspirações românticas como saberes adquiridos "indispensáveis" da cultura moderna[2].

Outro texto da mesma época – "Dialog über die Religiosität der Gegenwart" (Diálogo Sobre a Religiosidade do Presente) – recupera, por sua óptica, muitos temas da crítica romântica da modernidade: a transformação dos seres humanos em "máquinas de trabalho", a submissão desesperante das pessoas ao mecanismo social e, acima de tudo, a substituição dos "esforços heroicos-revolucionários" do passado pela deplorável marcha – "semelhante à do caranguejo" – da evolução e do progresso (*Fortschritt*)[3].

Essa última nota revela a inflexão que Benjamin dá à tradição romântica: o ataque contra a ideologia do progresso não

---

2   *Gesammelte Schriften* II, 1 (doravante GS), Frankfurt: Suhrkamp, 1977, p. 46.
3   GS II, 1, p. 16-34.

se faz em nome do conservadorismo passadista, mas da *revolução*. Encontramos essa expressão subversiva em sua conferência sobre "La Vie des étudiants" (A Vida dos Estudantes) (1914), um documento notável, que concentra em um só feixe de luz quase todas as ideias que vão persegui-lo no decorrer de sua vida. Para Benjamin, as verdadeiras questões que se colocam à sociedade não são da ordem dos problemas técnicos, mas sim "as questões metafísicas de Platão e de Spinoza, dos românticos e de Nietzsche". Entre essas questões "metafísicas", a da temporalidade histórica ocupa um lugar central: contra "a informe tendência progressista", fundada em uma concepção da história que "discerne apenas o ritmo mais ou menos veloz segundo o qual homens e épocas avançam sobre a via do progresso", ele opõe o poder crítico de *imagens utópicas*, tais como a ideia revolucionária de 1789 e o reino messiânico. A associação utópica entre messianismo e revolução, que aparece ali pela primeira vez, se tornará um dos pontos de fuga essenciais do seu pensamento.

Também restabelece, da utopia, o que ele chama, nesse texto, de "espírito tolstoiano", com seu apelo a se colocar a serviço dos pobres, "espírito nascido nas concepções dos anarquistas mais intensos e nas comunidades monásticas cristãs". Em um atalho tipicamente romântico revolucionário, o passado religioso remete ao futuro utópico, sob a inspiração comum do escritor russo socialista, cristão e libertário[4].

Benjamim se interessa pela dimensão messiânica oculta do romantismo alemão do início do século XIX. Em sua tese de doutorado *Der Begriff der Kuntskritik in der deutschen Romantik* (O Conceito de Crítica de Arte no Romantismo Alemão, 1919), ele não teme afirmar que a essência histórica do romantismo "deve ser buscada no messianismo romântico", que ele liga, ainda uma vez mais, à ideia revolucionária. Benjamin descobre essa dimensão, sobretudo nos escritos de juventude de Novalis e de Friedrich Schlegel – do qual cita esta passagem admirável: "O desejo revolucionário de realizar o Reino de Deus é [...] o começo da história moderna"[5].

---

4   La Vie des étudiants, *Oeuvres*, I, Paris: Gallimard, "Folio essais", 2000, p. 131, 135.
5   Frankfurt: Suhrkamp, 1973, p. 8.

Como essa fermentação messiânica, utópica e romântica irá se articular com o materialismo histórico?

É desde 1924, quando ele lê *História e Consciência de Classe*, de Lukács – e passa a conhecer o comunismo através dos belos olhos de Asja Lacis –, que o marxismo irá gradualmente reorientar e reestruturar sua concepção de história. A partir de sua adesão ao marxismo no curso dos anos de 1920, Benjamin concebe a utopia como *uma sociedade sem classes e sem poder autoritário*. Próximo aos comunistas, guarda, entretanto, certa distância crítica. Em 1926-1927, ele visita a URSS: ao admirar certos aspectos da experiência soviética, constata o desenvolvimento de tendências burocráticas. Em seu *Moskauer Tagebuch* (Diário de Moscou), Benjamin parece retomar, segundo sua visão, as análises da oposição de esquerda sobre o "termidor" soviético: "Tentamos deter a dinâmica do processo revolucionário no Estado – estamos, queiramos ou não, entrando na Restauração"[6].

Lukács permanece, aos seus olhos, uma referência central. Em 1929 ele cita *História e Consciência de Classe* como um dos raros livros que continuam vibrantes e atuais:

> A mais perfeita dentre as obras da literatura marxista. Sua singularidade é fundada na segurança com a qual ele apreendeu, por um lado, a situação crítica da luta de classes na situação crítica da filosofia, e, por outro, a revolução, doravante concretamente madura, como a pré-condição absoluta e até mesmo o cumprimento e a conclusão do conhecimento teórico[7].

Esse texto mostra qual é o aspecto do marxismo que interessa mais a Benjamin e que irá iluminar com uma nova claridade sua visão do processo histórico: *a luta de classes*. Mas o materialismo histórico não irá substituir suas intuições "antiprogressistas", de inspiração romântica/utópica e messiânica: ele vai se articular com elas, ganhando, dessa maneira, uma *qualidade crítica* que o distingue radicalmente do marxismo "oficial" dominante da época.

Essa articulação se manifesta pela primeira vez no livro *Einbahnstraße* (Rua de Mão Única), escrito entre 1923 e 1926,

---

6 *GS VI*, p. 338.
7 *GS III*, p. 171.

em que se encontra, no capítulo "Feuermelder" (Alarme de Incêndio), essa premonição histórica das ameaças do progresso: se a derrubada da burguesia pelo proletariado "não for consumada antes de um momento quase calculável da evolução técnica e científica (indicada pela inflação e pela guerra química), tudo está perdido. É preciso cortar o pavio que queima antes que a fagulha atinja a dinamite"[8].

Ao contrário do evolucionismo de esquerda, Benjamin não concebe a revolução como o resultado "natural" ou "inevitável" do progresso econômico e técnico (ou da "contradição entre forças e relações de produção"), mas como *a interrupção* de uma evolução histórica conduzindo à catástrofe.

É por ter percebido esse perigo catastrófico que Benjamin serve-se, em seu artigo sobre o surrealismo de 1929, do *pessimismo* – um pessimismo revolucionário que não tem nada a ver com a resignação fatalista, e ainda menos com o *Kulturpessimismus* alemão, conservador, reacionário e pré-fascista (Carl Schmitt, Oswald Spengler, Moeller van der Bruck): o pessimismo está aqui a serviço da emancipação das classes oprimidas. Sua preocupação não é com o "declínio" das elites, ou da nação, mas com as ameaças que o progresso técnico e econômico, promovido pelo capitalismo, faz pesar sobre a humanidade.

Perguntamo-nos a que pode fazer referência o conceito de pessimismo aplicado ao comunismo: sua doutrina, em 1928, celebrando os triunfos da construção do socialismo na URSS e a iminente queda do capitalismo, não é precisamente um belo exemplo de ilusão otimista? De fato, Benjamin tomou emprestado o conceito de "organização do pessimismo" de uma obra que ele qualifica como "excelente", *La Révolution et les intellectuels* (A Revolução e os Intelectuais) (1928), do comunista dissidente Pierre Naville. Tendo proximidade com os surrealistas (ele foi o primeiro redator da revista *La Révolution surréaliste*), Naville fez, naquele momento, a opção pelo engajamento político no partido comunista francês, opção que ele deseja partilhar com esses amigos.

Ora, para Pierre Naville, o pessimismo, que constitui "o princípio do método revolucionário de Marx", é o único meio

---

8 *Sens unique*, Paris: Lettres Nouvelles/ Maurice Nadeau, 1978, p. 205-206.

de "escapar das nulidades e decepções de uma época de compromissos". Rejeitando o "otimismo grosseiro" de um Herbert Spencer – que ele gratifica com o amável qualificativo de "cérebro monstruosamente encolhido" – ou de um Anatole France, do qual denuncia os "infames gracejos", ele conclui: "É necessário organizar o pessimismo, 'a organização do pessimismo' são as únicas palavras de ordem que nos impedem de enfraquecer"[9].

É inútil precisar que essa apologia apaixonada pelo pessimismo era bem pouco representativa da cultura política do comunismo francês daquela época. De fato, Pierre Naville iria ser excluído do Partido rapidamente (1928): a lógica do seu antiotimismo o conduzirá às fileiras da oposição comunista de esquerda ("trotskista"), da qual ele se tornará um dos principais dirigentes.

Apesar de sua adesão ao marxismo, Benjamin não imagina a utopia comunista sem uma dimensão libertária, um momento de euforia e de espontaneidade, que vê encarnada no surrealismo: "Desde Bakunin, a Europa carece de uma ideia radical de liberdade. Os surrealistas possuem essa ideia"[10].

Essa sensibilidade utópico-libertária, esse antiautoritarismo, essa inquietude com a *dominação* – e não apenas a propósito da exploração econômica – estão entre as características que distinguem o marxismo de Benjamin das ideias dominantes daquela época no seio da esquerda alemã e europeia.

No decorrer da primeira metade dos anos de 1930, os temas românticos e utópicos parecem desaparecer em benefício de uma visão mais "produtivista", mais "técnica", mais próxima do marxismo soviético. Contudo, eles retornam com força em seus trabalhos do período de 1935-1940.

O protesto romântico contra a modernidade capitalista é sempre feito em nome de um passado idealizado – real ou

---

9 *La Révolution et les intellectuels*, Paris: Gallimard, 1965, p. 76-77, 110-117.
10 Le Surrealisme. Le Dernier instantané de l'intelligence européenne, *Oeuvres*, II, Paris: Gallimard, 2000, p. 129. Sobre as relações entre anarquismo e marxismo em Benjamin, ver a análise aguda de Irving Wohlfarth: "Ele não sente necessidade de escolher entre essas frentes. Nós o vemos acentuar suas simpatias anarquistas justo quando ele se aproxima do comunismo, para conservá-los no espaço/limite comum". I. Wohlfarth, Der destruktive Charakter. Benjamin zwischen den Fronten, em G. Linder, *Links hatte noch alles such zu enträtseln… Walter Benjamin im Kontext*, Frankfurt: Syndkat, 1978, p. 8.

mítico. Qual é o passado que serve de referência ao marxista Walter Benjamin em sua crítica à civilização burguesa e às ilusões do progresso? Se nos escritos teológicos da juventude é frequente a questão do Éden bíblico, nos anos de 1930 é o comunismo primitivo que representa esse papel – como alhures em Marx e Engels, discípulos da antropologia romântica de Maurer, Morgan e Bachofen.

A ideia de um paraíso perdido – o comunismo primitivo da teoria marxista, o matriarcado conforme Bachofen, a "vida anterior" de Baudelaire – frequenta seus últimos escritos e inspira a ideia que ele faz de utopia, como sociedade sem classes, sem Estado e sem *dominação patriarcal*. Esse último aspecto merece ser sublinhado, na medida em que ele é bastante raro no marxismo dos anos de 1930.

A crítica sobre Bachofen, redigida por Benjamin em 1935 (em francês), é uma das chaves mais importantes para compreender sua utopia de inspiração ao mesmo tempo marxista e libertária, romântica e "matriarcal". A obra de Bachofen, escreve ele, tomada das "fontes românticas", fascinou os marxistas e anarquistas (como Élisée Reclus) por sua "evocação de uma sociedade comunista na aurora da história". Recusando as interpretações conservadoras (Klages) e fascistas (Bäumler), Benjamin se refere àquela, de inspiração freudiana-marxista, de Erich Fromm. Ele ressalta que Bachofen "escrutou a uma profundidade inexplorada as fontes que, através dos anos, alimentaram o ideal libertário que Reclus reivindicava". Quanto a Friedrich Engels e Paul Lafargue, seu interesse foi, também esse, atraído pelos trabalhos do antropólogo suíço sobre as sociedades matriarcais, nas quais existia um grau de democracia e de igualdade civil, assim como formas de comunismo primitivo, que significavam uma verdadeira "perturbação do conceito de autoridade"[11].

É sem dúvida em Bachofen que pensa Benjamin ao escrever, em "Paris, die Hauptstadt des XIX. Jahrhunderts" (Paris, Capital do Século XIX), que os sonhos do futuro são sempre "casados" (*vermählt*) com elementos vindos da história arcaica (*Urgeschichte*), ou seja, de uma "sociedade sem classes" primitiva. Depo-

---

11 "Johan Jakob Bachofen" (1935), *GS II*, 1, p. 220-230. Cf. *Ecrits français*, Paris: Gallimard, 1991, p. 102-110.

sitadas no inconsciente coletivo, as experiências dessa sociedade, "em conexão recíproca com o novo, dão à luz a utopia"[12].

As sociedades arcaicas da *Urgeschichte* são também as da harmonia entre os seres humanos e a natureza, destruída pelo "progresso". Um nome representa, para Benjamin, a promessa de uma reconciliação futura com a natureza: *Charles Fourier*. Sua obra constitui, aos olhos de Benjamin, um exemplo paradigmático da conjunção entre o antigo e o novo em uma utopia que dá uma vida nova aos símbolos primitivos (*Uralte*) do desejo[13].

Temas análogos são sugeridos nos ensaios sobre Baudelaire: Benjamin interpreta a "vida anterior" evocada pelo poeta como uma referência a uma idade primitiva e edênica, em que a experiência autêntica ainda existia, e na qual as cerimônias do culto e as festividades possibilitavam a fusão entre o passado individual e o passado coletivo: "As 'correspondências' são os dados da rememoração, não os dados da história, mas os da pré-história. O que faz a grandiosidade e a importância dos dias de festa é permitir o encontro com uma 'vida anterior'"[14]. Rolf Tiedemann observa de maneira pertinente que, para Benjamin, "a ideia das correspondências é a utopia pela qual um paraíso perdido surge projetado no futuro"[15].

É sobretudo em *Das Passagen-werk* (Passagens) e em diferentes textos dos anos de 1936-1940 que Benjamin irá desenvolver sua visão de história, ao se dissociar, de modo cada vez mais radical, das "ilusões do progresso", hegemônicas no seio do pensamento da esquerda alemã e europeia. Em um artigo publicado em 1937 na célebre *Zeitschrift für Sozialforschung*, a revista da Escola de Frankfurt (já exilada nos EUA), dedicada ao historiador e colecionador Eduard Fuchs, Benjamin ataca o marxismo social-democrata, mescla de positivismo, evolucionismo darwinista e cultura do progresso: "Ele não podia enxergar na evolução da técnica senão o progresso das ciências naturais e nunca a regressão social [...]. As energias que a técnica desenvolve além desse limiar são destrutivas. Elas

---

12 GS V, 1, p. 47.
13 Idem, p. 47-48.
14 *Charles Baudelaire, un poète lyrique à l'apogée du capitalisme*, Paris: Payot, 1983, p. 155, 189-191.
15 Nachwort, em *Charles Baudelaire*, Frankfurt: Suhrkamp, 1980, p. 205-206.

colocam em primeiro lugar a técnica da guerra e sua preparação pela imprensa"[16].

O objetivo de Benjamin é de aprofundar e radicalizar a oposição entre o marxismo e os filósofos burgueses da história, de aguçar seu potencial revolucionário e promover seu conteúdo crítico. É nesse espírito que ele define, de forma categórica, a ambição do projeto de *Passagens*: "Podemos considerar ainda, como fim metodologicamente perseguido por esse trabalho, a possibilidade de um materialismo histórico que aniquilou (*annihiliert*) em si mesmo a ideia de progresso. É justamente quando se opõe aos hábitos do pensamento burguês que o materialismo histórico encontra seus princípios"[17]. Tal programa não implicava um "revisionismo" qualquer, mas antes, como Karl Korsch tentou mostrar em seu livro peculiar – uma das principais referências a Benjamin –, um retorno ao próprio Marx.

Benjamin era consciente de que essa leitura do marxismo penetrava suas raízes na crítica romântica à civilização industrial, mas estava convencido de que Marx também havia encontrado sua inspiração nessa fonte. Ele obtém apoio para essa interpretação heterodoxa sobre as origens do marxismo em *Karl Marx* (1938), de Korsch:

> Muito justamente, e não sem nos fazer pensar em Maistre e Bonald, Korsch diz isto: "Assim, também na teoria do movimento operário moderno, há uma parte da 'desilusão' que, depois da grande Revolução Francesa, foi proclamada pelos primeiros teóricos da contrarrevolução e, em seguida, pelos românticos alemães e que, graças a Hegel, teve uma forte influência sobre Marx"[18].

Como se situa a dimensão utópica nesse contexto de crítica radical às ideologias do progresso? Em *Passagens*, Fourier e Bachofen aparecem, retrospectivamente, como figuras emblemáticas da nova e da antiga harmonia. Benjamin associa estritamente a abolição da exploração do trabalho humano e o fim da exploração da natureza, e encontra no "trabalho apaixonado" das "harmonias" segundo Fourier, o modelo utópico de uma ati-

---

16 GS *III*, p. 474. (Trad. francesa, *Oeuvres*, III, p. 170-225.)
17 *Passagen-Werk*, GS, V, p. 574.
18 Idem, p. 820; *Paris, capitale du XIXᵉ siècle*, Paris: Cerf, 1989, p. 681-682. (Col. Passages.)

vidade emancipada. "Fazer do lúdico o cânone de um trabalho que não é mais explorado", ele escreve, "é um dos maiores méritos de Fourier. Um trabalho cuja alma é assim constituída do lúdico não é mais orientado para a produção de valor, mas para uma natureza melhorada". É à custa disso que assistiremos ao nascimento "de um mundo em que a ação é a irmã do sonho". Quanto a Bachofen, sua visão de uma constituição matriarcal da sociedade opõe a imagem da natureza como mãe nutriz à concepção assassina (*mörderische*) da exploração da natureza, concepção essa dominante a partir do século XIX[19].

Tanto Benjamin, em *Passagens*, desconfia de Saint-Simon – o qual considera um precursor dos tecnocratas modernos – e das utopias saint-simonienses, que "dissolvem as antinomias sociais no maravilhoso, que o progresso torna deslumbrante para o futuro próximo", como é fascinado por Fourier. Sem ocultar as limitações da personagem – seu chauvinismo, seu antissemitismo, sua incompreensão da exploração –, ele não deixa de admirar nele seu "materialismo antropológico". Longe de opô-lo ao marxismo, ele faz um levantamento cuidadoso de todas as passagens em que Marx e Engels celebram "a colossal concepção do ser humano" ou das geniais "intuições de um mundo novo" do inventor do falanstério.

Sua admiração por Fourier apenas cresce no decorrer dos anos de 1930, como se pode constatar ao comparar a primeira versão do ensaio "Paris, Capital do Século XIX" com a última: enquanto a de 1935 ainda definia como "reacionária" a transformação arquitetônica da passagem parisiense em falanstério, a de 1939 compara Fourier a Hegel por sua oposição radical ao mundo pequeno burguês. Retomando as sugestões de *Passagens*, ele acrescenta isto: "Um dos traços mais notáveis da utopia fourierista é que a ideia da exploração da natureza pelo homem, tão divulgada em época posterior, lhe é estranha"[20].

A única personagem do saint-simonismo que tem graça, aos seus olhos, é Claire Demar – e é relativamente bem atípica, por seu engajamento revolucionário e feminista, que contrasta vigorosamente com as ambiguidades da Escola (em especial no que concerne às relações entre sexos). Benjamin não fala

19 *Passagen-Werk*, GS V, 1, p. 456.
20 Idem, GS VI, 1, p. 47,64.

disso na seção sobre o saint-simonismo – significativamente intitulado "Saint-Simon, Chemins de Fer" (Saint-Simon, Estradas de Ferro) –, mas naquela sobre o "materialismo antropológico". Esse conceito é, de maneira aceitável, obscuro, mas talvez possamos defini-lo como uma espécie de hedonismo revolucionário, que Benjamin atribui ao mesmo tempo a Jean Paul, a Georg Büchner, aos socialistas utópicos, como Fourier, e aos surrealistas.

Benjamin leu com muita atenção *Ma loi d'avenir* (Minha Lei do Futuro) (1834), do qual cita várias passagens, acompanhando-as com breves observações. Na sua opinião, Claire Demar pertence à esfera do materialismo antropológico, tanto por sua preferência pela maternidade social – a "lei do futuro" – em detrimento da maternidade dita natural ("a lei do sangue") quanto pela sua proposta ousada de união livre dos sexos, fundada na "prova da matéria pela matéria, na experiência da carne pela carne"[21].

Benjamin defende Claire Demar contra os ataques mesquinhos da burguesia – representados pelo livro de Firmin Maillard, *La Légende de la femme émancipée* (A Lenda da Mulher Emancipada) – e a compara com Fourier, fazendo valer a similitude do seu combate contra a instituição do casamento ("diante do prefeito e do padre"). Ele parece sustentar sua apologia do "mistério" nas relações sexuais, contra a exigência da "publicidade" da "Tribuna das mulheres" saint-simonianna. Enfim, ele a saúda como representante eminente do combate do matriarcado contra o patriarcado, na medida em que ela sugere substituir o casamento por relações mais flexíveis entre os sexos – uma dedução bem discutível, mas que emerge, sem dúvida, da problemática bachofeniana de Benjamin, identificando o matriarcado à igualdade de sexos[22]. Essas observações permanecem fragmentárias, sob a forma de comentários entre duas citações, mas elas não são menos extraordinárias. Quem, entre os pensadores marxistas e/ou revolucionários dos anos de 1930, conhecia ou se referia favoravelmente aos escritos iconoclastas dessa notável revolucionária feminista?

---

21 GS V, 1, p. 456.
22 GS VI, 1, p. 47, 64; GS VI, 2, p. 716-718, 771, 779, 784.

❖ ❖ ❖

Como se sabe, é nas *Teses Sobre o Conceito de História* (1940) que Benjamin irá, uma última vez, reunir e aprofundar, sob uma forma alegórica infinitamente densa e rica, os principais temas de sua filosofia social e de sua utopia revolucionária.

No centro de sua visão da história se encontra o conceito de *catástrofe*. Em uma das notas preparatórias das Teses de 1940, ele observa: "A catástrofe é o progresso, o progresso é a catástrofe. A catástrofe é o *continuum* da história"[23]. A semelhança entre progresso e catástrofe tem em primeiro lugar uma significação *histórica*: o passado não é, do ponto de vista dos oprimidos, senão uma série interminável de *derrotas catastróficas*. A revolta dos escravos, a guerra dos camponeses, junho de 1848, a Comuna de Paris, o levante berlinense de janeiro de 1919 – esses são exemplos que aparecem frequentemente nos escritos de Benjamin, para quem "esse inimigo não parou de vencer" (Tese VI). Mas essa equação tem também uma significação eminentemente *atual*, porque, nos dias de hoje, o inimigo ainda não parou de triunfar" (Tese VI, tradução do próprio Benjamin para o francês); derrota da Espanha republicana, Pacto Molotov-Ribbentrop, vitoriosa invasão nazista na Europa.

O fascismo ocupa com muita evidência um lugar central na reflexão histórica de Benjamin nas Teses. Para ele, isso não é um acidente da história, um "estado de exceção", alguma coisa impossível no século XX, um absurdo do ponto de vista do progresso: rejeitando esse tipo de ilusão, Benjamin reivindica "uma teoria da história a partir da qual o fascismo possa ser percebido"[24], isto é, uma teoria que compreenda que as irracionalidades do fascismo são apenas o avesso da racionalidade instrumental moderna. O fascismo leva às últimas consequências a combinação tipicamente moderna entre progresso técnico e regressão social.

Enquanto Marx e Engels tinham, segundo Benjamin, "a intuição fulgurante" da barbárie por vir no prognóstico deles

---

23 GS VI, 2, p. 973-974. (Trad. francesa – sem as notas preparatórias –, em *Oeuvres* III, p. 427-443. Existe uma versão francesa de Benjamin nos *Ecrits français*, p. 331 e s.)
24 Idem, p. 974-975, 978.

sobre a evolução do capitalismo[25], seus epígonos do século XX foram incapazes de compreender – e, portanto, de resistir-lhe eficazmente – uma barbárie *moderna*, industrial, dinâmica, instalada no próprio coração do progresso técnico e científico. Buscando as raízes, os fundamentos metodológicos dessa incompreensão catastrófica, que contribuiu para o insucesso do movimento operário alemão em 1933, Benjamin ataca a ideologia do progresso em todos os seus componentes: o evolucionismo darwinista, o determinismo do tipo científico-natural, o otimismo cego – dogma da vitória "inevitável" do partido –, a convicção de "nadar no sentido da corrente" (o desenvolvimento técnico); em uma palavra, a crença confortável em um progresso automático, contínuo, infinito, fundado na acumulação quantitativa, no impulso das forças produtivas e no crescimento da dominação sobre a natureza. Ele acredita revelar por detrás dessas múltiplas manifestações um fio condutor, que ele submete a uma crítica radical: a concepção homogênea, vazia e mecânica (como um movimento de relojoaria) do tempo histórico.

Contra essa visão linear e quantitativa, Benjamin opõe uma percepção *qualitativa* da temporalidade, fundada por um lado na *rememoração*, por outro na *ruptura messiânica e revolucionária da continuidade*. A revolução é o equivalente profano da interrupção messiânica da história, da "suspensão messiânica do devir" (Tese XVII): as classes revolucionárias, escreve na Tese XV, são conscientes, no momento de sua ação, de "romper o *continuum* da história"[26].

A utopia no pensamento de Benjamin é inseparável dessa concepção qualitativa/messiânica do tempo, em oposição

---

25 GS II, 2, p. 488. (Notas preparatórias.)
26 Conforme Habermas, existe uma contradição entre a filosofia da história de Benjamin e o materialismo histórico. O erro de Benjamin foi, segundo ele, ter desejado impor – "como um capuz de monge sobre a cabeça" – ao materialismo histórico marxista, "que leva em conta o progresso não só no domínio das forças produtivas, mas também no da dominação", "uma concepção histórica antievolucionista". Cf. J. Habermas, L'Atualité de Walter Benjamin. La Critique: Prise de conscience ou préservation, *Revue d'Esthétique*, n. 1, 1981, p. 121. O que Habermas pensa ser um erro é precisamente o princípio da qualidade singular da filosofia benjaminiana de história e de sua capacidade de compreender um século caracterizado pela imbricação estreita da modernidade e da barbárie.

frontal e categórica ao evolucionismo, do que ele chama de "marxismo vulgar" da social-democracia, com seu culto ao desenvolvimento técnico, à indústria e à supremacia/exploração da natureza. Aos seus olhos, essa ideologia – que é apenas a forma secularizada da velha ética protestante do trabalho – prefigura a tecnocracia moderna e "rompe de modo sinistro com as utopias socialistas anteriores a 1848". Aqui reencontramos Fourier, cujas "imaginações fantásticas" revelam, comparadas a essa ideologia positivista da exploração da natureza, "um surpreendente bom senso". Sensível à poesia e ao encanto dos sonhos fourieristas, Benjamin os interpreta como intuição utópica de outra relação, não destrutiva e não assassina, com o meio ambiente natural:

> Para ele, o efeito do trabalho social bem ordenado deveria ser o de quatro Luas iluminando a noite da Terra, o do gelo se retirando dos polos, o do sal sendo retirado da água do mar e o das feras se colocando a serviço do homem. Tudo isso ilustra um trabalho que, bem longe de explorar a natureza, é capaz de fazer nascer as criações virtuais que dormitam em seu seio[27].

A nostalgia romântica de uma harmonia originária se encontra no coração da célebre Tese IX, que resume, como em uma lareira em brasas, o conjunto do documento. É preciso ler esse texto enigmático e fascinante como uma *alegoria* na qual cada imagem sagrada tem uma "correspondente" – no sentido baudelaireano – profana: à tempestade maléfica que nos afasta do paraíso e que acumula no decorrer da história ruína sobre ruína, corresponde a noção de *progresso*. É difícil evitar a conclusão de que esse paraíso perdido, destruído pela catástrofe do progresso, não seja outra coisa senão, em linguagem profana, a sociedade pré-histórica igualitária, a comunidade primitiva livre de toda forma de dominação com a qual sonhavam também o historiador do matriarcado, o poeta maldito e os pais do socialismo[28].

Se o comunismo primitivo corresponde ao paraíso perdido, a utopia da sociedade sem classes corresponde ao reino

---

27 *Thèses sur le concept d'histoire*, Oeuvres, III, p. 437.
28 Idem, p. 434.

messiânico e a revolução social à interrupção messiânica da história[29]. Não se trata de retornar ao passado. Ao desaparecer a nostalgia do mundo comunitário, a melancolia em face das destruições causadas pela modernidade se tornam, em Benjamin, uma energia crítica e subversiva, investida na esperança utópica e messiânica e no combate revolucionário pelo futuro emancipado.

---

29 Como destaca Benjamin em uma das notas preparatórias para as Teses, "é necessário restituir ao conceito de sociedade sem classes sua verdadeira face messiânica (*echtes messianisches Gesicht*), no próprio interesse da política revolucionária do proletariado" (GS *I*, 3, p. 1232).

11. O Messianismo Heterodoxo na Obra de Juventude de Gerschom Scholem

Gershom Scholem é um exemplo brilhante do intelectual judeu moderno. Ele não é nem talmudista, nem rabino, nem cabalista e, menos ainda, profeta. Mais modestamente – mas com que força espiritual! – é um historiador, um homem de ciência, um professor e pesquisador universitário. Um filho – crítico – da *Haskalah*, e um pensador que – sem parar de ser crédulo, à sua maneira – abandonou a fé ortodoxa tradicional, com seus rituais e interditos. É também um intelectual judeu moderno porque era assimilado, formado pela cultura alemã – apesar de sua revolta contra a assimilação, seu combate pela *dissimilação* (para empregar o termo inventado por Franz Rosenzweig), e sua adesão ao sionismo, que o fará partir para Jerusalém em 1923.

Mas Scholem pertence ainda à categoria dos intelectuais modernos – tanto judeus como não judeus – que ressentem cruelmente o *desencantamento do mundo*, a *Entzauberung der Welt*, característica, conforme Max Weber, da modernidade. Ele faz parte dessa vasta corrente de crítica moderna à modernidade, que encontra sua inspiração na tradição romântica alemã e que busca no mito, na história ou na religião, um antídoto para a perda de sentido. Como outros românticos, Scholem é bastante moderno para desejar um puro e simples retorno ao passado: ele não pode mais acreditar na cabala, ou no iminente advento do Messias, como seus ancestrais. Sua estratégia de *reencantamento do mundo* se situa *no interior da modernidade*: ele se tornará o historiador da cabala e do messianismo, e é por intermédio da historiografia que ele fará reviver a fascinante magia espiritual da mística judaica dos séculos passados.

A obra de Gershom Scholem é não apenas um monumento inigualável da historiografia moderna, mas traz também um novo olhar sobre a tradição religiosa judaica, restituindo-lhe sua dimensão messiânica e apocalíptica escamoteada pela leitura racionalista/liberal da *Wissenschaft des Judentums* e da sociologia alemã. Max Weber e Werner Sombart não viram na espiritualidade judaica nada além que o racionalismo calculista: Scholem pôs em evidência as correntes religiosas subterrâneas, místicas, heréticas, messiânicas e utópicas da história do judaísmo[1].

Nascido em uma família de pequenos burgueses judeus assimilados de Berlim, Gerhard Scholem será, primeiramente, nutrido pela cultura alemã; durante sua juventude, os escritores românicos ou neorromânticos estarão entre os seus favoritos: Jean Paul, Novalis, Eduard Mörike, Stefan George, Paul Scheerbart[2]. De fato, é significativo que o primeiro livro sobre a cabala estudado por ele, e que terá um importante impacto sobre sua pessoa, seja a obra do teósofo cristão e romântico alemão Franz Joseph Molitor, *Philosophie der Geschichte oder über die Tradition* (Filosofia da História, ou Sobre a Tradição) (1827-1857). Em muitos textos autobiográficos ele se refere às "profunda intuição" desse autor e ao "grande fascínio" que o

---

1 Não seria adequado utilizar, nesse caso, o conceito de "milenarismo", que corresponde a uma terminologia cristã – o quiliasmo ou *millenium*, do qual fala o *Novo Testamento*.
2 David Biale observa, em sua tese de doutorado *The Demonic in History. Gershom Scholem and the Revision of Jewish Historiography*, Los Angeles: University of California, 1977, p. 17: "Como muitos outros alemães dos anos de 1920, Scholem e Buber descobriram, em certa corrente do romantismo alemão, uma *Weltanschauung*, única que inspirou todo seu pensamento... Na filosofia e na historiografia, a simpatia de Scholem por uma tendência particular do romantismo alemão representou um papel crucial em sua formação intelectual". Em uma conversa que tive com Scholem em 1979, este reconhecia seu interesse, nos anos de juventude, pelo romantismo, mas expressou as maiores reservas com respeito a toda interpretação de sua obra que coloca destaque sobre suas fontes alemãs mais do que sobre as judaicas/hebraicas.

seu livro exercia nele. Mesmo rejeitando as especulações cristológicas desse "discípulo dos filósofos românticos Schelling e Baader", ele não deixa de declarar que Molitor "compreendia a cabala melhor do que as maiores autoridades religiosas judaicas (*G[u]edolei Hokhmat Israel*) de sua época"[3].

Bem cedo, o jovem Gerhard Scholem irá se revoltar contra a ideologia assimilacionista de sua família – ele será expulso de casa por seu pai por causa de sua atitude "antipatriótica" durante a Primeira Guerra Mundial! –, voltando-se resolutamente para as fontes do judaísmo, em busca de uma "tradição que se perdera em meu círculo cultural e que me atraía com grande magia"[4]. Essa busca o conduz por um lado – em um primeiro momento sob a influência de Martin Buber – para o estudo do misticismo judaico, e, por outro, para o sionismo. Sua atitude religiosa – não ortodoxa – aproxima-o de Buber, mas seu sionismo é mais radical: ele rejeita com paixão a síntese cultural judio-germânica, e essa recusa acabará por afastá-lo tanto de Buber como de Franz Rosenzweig.

A recente publicação do *Journal* (Diário) de Scholem referente aos anos de 1913-1917 permite-nos reconstituir o movimento de suas ideias e a extraordinária vitalidade intelectual que caracteriza esse período de *Bildung* (formação).

Esse documento nos lança ao coração de um laboratório cultural onde fermentam e se agitam religião e revolução, sonho sionista e utopia anarquista, romantismo alemão e mística judaica, Kierkegaard e Martin Buber. Trata-se não apenas da matéria primeira a partir da qual ele redigiu suas duas célebres obras autobiográficas – *Walter Benjamin. Die Geschichte einer Freundschaft* (Walter Benjamin: A História de uma Amizade)*

---

3   A primeira referência se encontra em uma carta a Zalman Schocken, de 1937, citada por David Biale, *Gershom Scholem, Kabbalah and Counter-History*, Cambridge: Harvard University Press, 1979, p. 216. (Trad. bras., *Cabala e Contra-História: Gershom Scholem*, São Paulo: Perspectiva, 2004, p. 30-31.) Esse livro é uma versão revista e corrigida da tese mencionada na nota anterior. A segunda vem da edição hebraica – mais completa que as diversas traduções europeias – de sua autobiografia: *Mi-Berlin Le-Yerushalaym. Zichronot Neurim*, Tel-Aviv: Am Oved, 1982, p. 127.

4   G. Scholem, *Von Berlin nach Jerusalem. Jugenderinnerungen*, Frankfurt: Suhrkamp, 1977, p. 68. (Trad. bras., *De Berlim a Jerusalém*, São Paulo: Perspectiva, 1991, p. 65.)

*   Trad. bras., São Paulo: Perspectiva, 1989 (N. da. T.).

e *Von Berlin nach Jerusalem* (De Berlim a Jerusalém) –, mas de uma extraordinária crônica de encontros e leituras, abrilhantada por reflexões filosóficas, políticas e religiosas.

Assiste-se nessas páginas à formação de uma *consciência judaica rebelde*, em revolta contra a Guerra Mundial, contra a boa sociedade judio-alemã, e até mesmo contra o conformismo sionista dominante. Apesar de sua adesão precoce e entusiasta ao sionismo, que ele concebe como um movimento revolucionário, o jovem Scholem não esconde sua hostilidade contra o fundador:

> Rejeitamos Herzl. Ele é *culpado* do sionismo atual [...], uma organização de merceeiros que rasteja aos pés de cada poderoso! [...] Seu único pensamento era: o *Estado*-Judeu. Ora, recusamos isso. Porque pregamos o anarquismo. Quer dizer: não queremos nenhum Estado, mas antes uma sociedade livre (com a qual não tem nada a ver aquela descrita por Herzl em *Altneuland*). Na condição de judeus sabemos o suficiente sobre o horrível ídolo Estado para não nos inclinarmos diante dele para adorá-lo, e para não lhe oferecer nossos descendentes como sacrifício voluntário à sua insaciável avidez por sucesso e poder (janeiro de 1915)[5].

É curioso observar a que ponto essas críticas contra Herzl se aproximam daquelas de outro "sionista libertário", Bernard Lazare, sem dúvida desconhecido de Scholem naquela época.

A leitura da *Bíblia* e dos românticos alemães (assim como de Kierkegaard e Nietzsche) atravessa todas essas páginas. Depois da leitura de um romance de Eichendorff, Scholem proclama:

> Vê-se aqui o quão profundamente pertencemos ao romantismo: no fato de que somos capazes de absorver em nós mesmos de forma completa e integral as vibrações e as emoções do romantismo, com toda sua multiplicidade e com a grande auréola de santidade da alegria (*Heiligenschein der Freude*), que se estende sobre ele[6].

Feroz opositor da guerra, ele compartilha com seu irmão Werner (futuro deputado comunista) e com Walter Benjamin (o qual irá conhecer em 1915) uma grande simpatia pelas to-

---

5   G. Scholem, *Tagebücher, I, 1913-1917*, Karlfried Gründer, Friedrich Niewöhner, Herbert Kopp-Osterbrink (hrsg.), Frankfurt: Jüdischer, 1995, p. 81-82.
6   Idem, p. 157, 215-216.

madas de posição antimilitaristas de Karl Liebknecht. "É-nos necessário", escreve ele, exasperado, em seu diário, "bater com nossa cabeça contra a parede, até que ela desabe..."

O jovem rebelde começa muito cedo a se interessar pela mística, mas não ainda pela cabala: em uma nota de 1916, ele manifesta seu desejo de elaborar uma história da mística, desde Lao Tse, Plotino e Mestre Eckhart até os românticos alemães, Schelling, Kierkegaard, Nietzsche, Rilke e Martin Buber (o único autor judeu dessa lista!). Durante os anos de 1914-1915, ele se considera antes de tudo um discípulo de Buber, de quem celebra a redescoberta do hassidismo e da mística judaica: "No judaísmo, considerado até então como a religião clássica do racionalismo, do cálculo racional, ele descobriu o irracional, o sentimento e a nostalgia, que é a mãe da renovação". Entretanto, sob a influência de Walter Benjamin, se afasta progressivamente desse primeiro mestre, do qual reprova a atitude ambígua para com a Guerra Mundial e, mais profundamente, sua confusa ideologia da "experiência vivida" (*Erlebnis*)[7].

É em 1917 que ele começa a descobrir a cabala. Um dos últimos registros do diário já anuncia o futuro: "A teoria linguística da cabala e a própria cabala não encontraram ainda um intérprete digno. Oh, Gerhard Scholem, que tarefa imensa te espera...[8]"

A grande originalidade de Scholem como historiador foi a descoberta, ou, antes, a redescoberta de um campo quase completamente esquecido da tradição religiosa judaica: as doutrinas místicas desde a cabala até o messianismo herético de Sabatai Tzvi. Em seu primeiro artigo sobre a cabala, de 1921, ele celebra o caráter mágico, "antiburguês" (*unbürgerlich*) e "explosivo" da tradição judaica[9]. Ao contrário de Buber, ele vai assumir um empenho resolutamente *historicista*: é na história que ele encontra a resposta cultural adequada ao racionalismo frio e abstrato do mundo burguês. É característica de sua atitude que ele definisse a história como *religio* no sentido etimológico da *ligação* (com o passado)[10].

---

7 Idem, p. 112 e mais à frente p. 361-362, 386.
8 Idem, p. 472.
9 Lyrik der Kabbala?, *Der Jude*, Berlin, v. VI, 1921-1922, p. 55 (Trad. francesa, em *Cahier de l'Herne: Gershom Scholem*, n. 92, Paris: L'Herne2009, p. 103-108.
10 *Von Berlin nach Jerusalem*, p. 210. (Trad. bras., p. 181.)

O que o seduz nos textos místicos do passado é especialmente a visão escatológica que os atravessa. No artigo de 1921 sobre a cabala, ele se interessa pelas concepções proféticas segundo as quais "a humanidade messiânica se expressará em hinos" (um tema que encontramos nos escritos linguísticos de Walter Benjamin): e ele opõe, implicitamente, temporalidade messiânica e temporalidade histórica, destacando que a decisão sobre o valor positivo ou negativo da tradição "não pertence à história mundial, mas ao Tribunal do Mundo" – ou seja, ao Juízo Final – formulação dirigida diretamente contra a história hegeliana – que "interpenetra" os dois[11].

Durante esses anos de formação, quando começa a redigir seus primeiros trabalhos históricos, Scholem persegue uma reflexão secreta, em diálogo permanente com seu amigo Walter Benjamin, que está registrada em uma série de cadernos "íntimos". O conjunto desses papéis inéditos, mantidos nos anos de 1917-1933, está na Bibliothèque de l'Université Hébraïque de Jérusalem: eles nos revelam um autor diferente do historiador que conhecemos – certamente criativo, mas subjugado pelas regras da objetividade historiográfica. É um jovem Scholem filósofo, teólogo, metafísico, que permite livre expressão à sua imaginação especulativa, que descobrimos em seus escritos de inspiração messiânica sobre o judaísmo, o sionismo, a justiça ou a revolução. Esses papéis inéditos, de uma incrível riqueza, revelam um espírito muito próximo – pelo *Denkstil* (estilo de pensamento) e pela problemática – de Walter Benjamin: a afinidade e a influência recíproca são impressionantes.

É um novo autor que vemos surgir, um filósofo judeu/alemão – pela língua dos textos e pelo tipo de cultura religiosa de coloração romântica – ao menos tão interessante, em seu domínio, quanto o Scholem posterior no terreno da história da mística. Certamente, encontramos um panorama da filosofia do judaísmo própria de Scholem em seus escritos autobiográficos, em sua correspondência com Benjamin, em suas entrevistas dos últimos anos; mas os papéis "ocultos", apesar do seu caráter fragmentário, fazem surgir o jovem Scholem como um dos grandes pensadores judeus "heréticos" da Europa central antes de 1933.

---

11   Lyrik de Kabbala?, p. 61-62. (*Cahier de L'Herme: Gershom Scholem*, p. 118.)

Esse material foi publicado pela editora Jüdischer Verlag (associada à Suhrkamp), de Frankfurt[12]. Os principais dossiês são os seguintes:

- *Esoterica – Metaphisica. Über Judentum und die esoterische Seite des Zionismus 1917-1923* (Esotérica – Metafísica. Sobre Judaísmo e Aspectos Esotéricos do Sionismo). Incluindo *Einige Briefe, die zur Sache gehören* (Algumas Cartas sobre a Questão). Não numerado, com aproximadamente 191 páginas.

- *Über Metaphysik, Logik und einige nicht dazu gehörende Gebiete phänomenologischer Besinnung. Mir gewidmet* (Sobre Metafísica, Lógica e Outras Não Relativas ao Campo da Consciência Fenomenológica, por Mim Empregados). 5. Oktober 1917-1930. Dezember 1917. 61 páginas.

- *Kleine anmerkungen über Judentum* (Pequenas Anotações Sobre o Judaismo). Jena, Winter 1917-1918. 89 páginas[13].

- *Tagebuchaufzeichnungen* (Notas de Diário). 1. August 1918 – 1. August 1919. Adelboden – Berna. 89 páginas.

Acrescento imediatamente que esses títulos são um pouco enganosos: os *Tagebuchaufzeichnungen* contêm tanto fragmentos filosóficos como notas pessoais, e o dossiê sobre a metafísica se ocupa também do judaísmo – e vice-versa.

Além desses grandes manuscritos, encontramos diversos papéis, não transcritos e não inclusos nessas quatro coletâneas, entre os quais um texto capital: "Thesen über den Begriff der Gerechtigkeit" (Teses Sobre o Conceito de Justiça – o título inspirou, evidentemente, Benjamin em 1940), contendo seis páginas manuscritas[14].

Mesmo para o leitor familiarizado com o pensamento (publicado) de Scholem e de Benjamin, a interpretação desses escritos

12 *Tagebücher, II, 1917-1923*, Frankfurt: Jüdischer Verlag, 2000. Agradeço os responsáveis da edição dos manuscritos de Scholem, MM. Karlfried, Friedrich Niewöhner e Herbert Kopp-Osterbrink, pela amável autorização de publicar neste artigo alguns extratos desses papéis até então inéditos.
13 Trad. francesa, em *Sur Jonas, la lamentation et le judaïsme*, Paris: Bayard, 2007, p. 60-93.
14 *Sur la notion de justice*, idem, p. 11-32.

"secretos" não é fácil. O termo *esoterica*, que serve de título à primeira coletânea, se aplica à maioria desses materiais. Sendo que meu conhecimento do dossiê é apenas parcial, não poderia, de todo modo, ir adiante com uma interpretação do conjunto. Irei me limitar, aqui, a chamar atenção sobre alguns aspectos. A terminologia de Scholem dificilmente presta-se à tradução em francês, então indicarei com frequência o termo alemão entre parênteses.

1. Trata-se de um pensamento profundamente *judio-alemão* – mesmo Scholem não gostando, de forma alguma, da ideia da simbiose cultural (seus argumentos não são negligentes), insistindo sobre as fontes exclusivamente hebraicas de sua obra. Antes de mais nada, seu traço judio-alemão pode ser observado pelo idioma: é notável que todos os seus textos, mesmo aqueles datados dos anos de sua estada na Palestina, quando ele já dominava perfeitamente o hebreu, foram redigidos em alemão. Mas, acima de tudo, esse traço pode ser conferido pelo conteúdo desses escritos, que pertencem totalmente ao universo da cultura judaica da Europa central – naquilo que a distingue radicalmente tanto da do leste (Polônia, Rússia), quanto daquela da Europa ocidental (França, Inglaterra) – mais precisamente, à corrente romântica dessa cultura.

A relação entre judaísmo e romantismo é uma questão que retorna em muitos dos textos, em uma perspectiva ao mesmo tempo de admiração e crítica. Por exemplo, duas das "95 Thèsen über Judentum und Zionismus[15]" (95 Teses Sobre o Judaísmo e o Sionismo), de 1918, afirmam, de forma assaz elíptica:

41. O romantismo judeu significa uma transgressão proibida das fronteiras.
42. O romantismo é o único movimento espiritual da história que limitou o judaísmo. O fato de ele não saber disso tornou-o demoníaco (*dämonisch*).

Uma admiração sem limites é reservada a Hölderlin – mais uma paixão que ele compartilha com Benjamin – que ele não

---

15 *Cahier de L'Herne: Gershom Scholem*, p. 97-99.

teme, nos *Tagebuchaufzeichnungen*, de 1918-1919, comparar com a própria *Bíblia*:

> A vida sionista foi realizada, para Friedrich Hölderlin, no povo alemão. O ser-aí [*Dasein*] de Hölderlin é o cânone de toda vida histórica. Isso constitui o fundamento da autoridade absoluta de Hölderlin [...] [e do] seu lugar ao lado da *Bíblia*. A *Bíblia* é o cânone da escritura, Hölderlin, o cânone do ser-aí [*Dasein*]. Hölderlin e a *Bíblia* são as duas únicas coisas no mundo que jamais podem se contradizer. O canônico deve ser definido como a pura possibilidade de interpretação [*Deutbarkeit*][16].

É possível que esse parágrafo se refira à obra *Hypérion*, de Hölderlin, cuja imagem exaltada e lírica do renascimento nacional grego poderia inspirar em Scholem esse surpreendente paralelo com o sionismo.

Algumas páginas adiante, no mesmo texto, se encontra a seguinte afirmação – formulada também, em termos um pouco diferentes, por Benjamin em sua tese sobre a crítica de arte no romantismo: "O romantismo é uma constelação que podemos deduzir do messiânico"[17].

2. Apesar de suas reservas para com o "romantismo judaico", Scholem não deixa de participar – como Benjamin – da crítica romântica à ideia de *progresso*. Essa crítica inspira seus ferozes ataques contra o liberalismo da burguesia judaica e seu fruto intelectual, a *Wissenschaft des Judentums*, nos *Tagebuchaufzeichnungen*: "A *Wissenschaft des Judentums* e o capitalismo judeu se encontram em uma relação fundamental [*wessensmässiger Verbindung*]".

Em uma referência implícita ao positivismo comtiano, acrescenta essa extraordinária diatribe apimentada de imagens sarcásticas:

> Uma revolução e uma competição metafísicas são instaladas, visando realizar a identificação da qual temos necessidade: Ordem/Progresso. Desde esse momento começou a grande reinterpretação do judaísmo e sua transformação em alto escalão do

---

16 Cf. p. 37.
17 Cf. p. 54.

liberalismo, cumprida pela ciência e pela teologia judaicas, graças a um horrível incesto na doutrina: o messiânico torna o progresso infinito no tempo.

As doutrinas do progresso são, aos olhos de Scholem, uma miserável contrafação da tradição messiânica judaica, da qual é responsável a filosofia das Luzes. Ele coloca em causa, com uma particular virulência, a escola neokantiana de Marburg, da qual Hermann Cohen era o principal representante:

> O reino messiânico e o tempo mecânico conceberam, no espírito dos homens das Luzes [*Aufklärer*], a ideia – bastarda e digna de maldição – do progresso. Porque, se houver um *Aufklärer* [...], a perspectiva dos tempos messiânicos *deve necessariamente* se deformar em Progresso. [...] Aí encontramos os erros mais fundamentais da escola de Marburg: a distorção legal e passível de dedução [*die gesetzmässige, deduzierbare Verzerrung*] de todas as coisas em uma tarefa infinita no sentido do Progresso. Essa é a mais lastimável interpretação que o profetismo jamais deveria suportar.

Pode-se perguntar se Benjamin não tinha em vista esses textos quando escrevia as *Teses*, de 1940 – a menos que Scholem tenha sido inspirado por suas discussões com seu amigo em 1916-1919.

3. O *messianismo*, como podemos observar nas passagens mais acima, é o centro de o pensamento do jovem Scholem – não como objeto de estudo, mas como filosofia da história, chave de interpretação da realidade, visão profética.

Curiosamente, apesar de o fato de que Scholem se considerava, em matéria de judaísmo, o mestre do seu amigo, no que se refere ao tema do messianismo ele menciona Benjamin, com frequência, como uma fonte – quase canônica:

> No pensamento do reino messiânico encontramos a maior imagem da história, sobre a qual se erguem relações infinitamente profundas entre a religião e a ética. Walter [Benjamin] disse uma vez: o reino messiânico está sempre aí. Esse discernimento [*Einsicht*] contém *a maior* verdade – mas somente em uma esfera na qual, pelo que eu saiba, ninguém chegou depois dos profetas[18].

---

18 *Über Metaphysik, Logik*, 1917, p. 27.

Porém, mesmo quando Benjamin não é mencionado, a afinidade é evidente, sem que seja sempre fácil decifrar a origem das ideias, de tanto que os dois amigos funcionam como "vasos comunicantes". Isso vale em particular para o notável manuscrito intitulado "Thesen über den Begriff der Gerechtigkeit" (Teses Sobre o Conceito de Justiça). É necessário ressaltar que esses escritos sobre o messianismo vão bem além de uma exegese religiosa conforme a tradição ortodoxa (apesar das numerosas referências a Maimonides e a outras fontes halakhicas), ao acentuar o aspecto *ético, social e histórico* da profecia messiânica. Pode-se até mesmo falar de uma "politização" do messianismo se Scholem, fiel ao seu apolitismo libertário, não recusasse categoricamente o próprio conceito de Política[19]. Daí sua preocupação pela relação entre *a justiça* e o reino messiânico:

> O tempo messiânico como presente eterno e a justiça da existência [*des Daseiendes*], do substancial, estão em correspondência. Se a justiça não está *aí*, o reino messiânico também não estará aí, e será impossível. A justiça (como todas as outras ideias centrais do judaísmo) não é um conceito-limite nem uma "ideologia reguladora"'

Scholem opõe a justiça, que encontra seu cumprimento no reino messiânico, ao mesmo tempo ao *mito* e à categoria mítica por excelência: o *destino*:

> Quase todos os domínios da ação humana ainda estão submetidos às categorias míticas, antes de tudo o destino, que trata do sentido [*Bedeutung*]. *A justiça é a eliminação do destino* [*Schicksal*] *das ações* [...] A injustiça de nossa vida se manifesta na abundância de condutores singulares e fatais [*schicksalhafter*] em seu seio.
> A moagem [*Ausmachung*] apocalíptica do reino messiânico tem o valor e a "verdade" da propaganda revolucionária – ele busca arrancar o último conflito da violência na qual afunda o mito. Na pessoa do Messias está representada a potência catastrófica [*Katastrophale*], porque redentora, da vida libertada do destino [*Schicksalslosen*]...

---

[19] Para um exame mais detalhado sobre o vínculo entre o messianismo judeu e a utopia libertária em Scholem, Benjamin e outros pensadores judeus, remeto ao meu livro *Redenção e Utopia*.

A curiosa datação desse texto – "1919 und 1925" – não nos deixa saber se ele foi escrito antes ou depois do ensaio "Zur Kritik der Gewalt" (Crítica da Violência), de Benjamin (1921), do qual apresenta evidentes analogias (mas também inegáveis diferenças).

Scholem parece hesitar entre duas concepções do messianismo: uma mais histórica e outra mais "esotérica". Ele tenta defini-las nos seguintes termos:

> Duas correntes do messianismo podem ser distinguidas teórica e historicamente: a corrente revolucionária e a transformadora [*verwandelnde*]. A primeira se apresenta da seguinte forma: o Messias no fim dos dias, das terríveis guerras entre Edom e Moab. O tribunal do mundo = a ruína do mundo [*Weltuntergang*], Retorno das almas a esse mundo? Identidade entre *Athid Labo* e *Olam ha-Ba*[20]. Fundamentos: a interpretação literal do porvir como tempo empírico.
>
> A segunda afirma: purificação das almas, transformação [*Verwandtung*] interior da Natureza, neutralização do tribunal do mundo, em todo caso, marcha à ruína do mundo. Distinção entre *atid la-bo* e *olam ha-ba*. O outro mundo é esse mundo. O porvir messiânico não é um porvir empírico.

Essa distinção excessivamente analítica e um pouco fixa não o satisfaz por completo e imediatamente acrescenta: "Essas concepções se nuançam em uma infinidade de gradações"[21].

4. É em estreita relação com o messianismo que ele irá examinar os *acontecimentos revolucionários* de sua época e, em particular, o *bolchevismo*.

Sem nunca aderir ao comunismo soviético, Scholem não deixa de ser fascinado pelo alcance religioso dos acontecimentos na Rússia. No ensaio "Der Bolschewismus"[22], de 1918 (incluso na coletânea "Esotérica – Metafísica"), ele emprega o conceito (de origem tolstoiana?) de "ditadura da pobreza": "O bolchevismo possui uma ideia central, que confere ao seu movimento uma magia revolucionária. Ei-la: o reino messiânico só pode

---

20 Em hebraico, respectivamente: o futuro por vir; o mundo que vem.
21 *Tagebuchaufzeichnungen*, 1919, ep. 76.
22 *Cahier de l'Herne: Gershom Scholem*, n. 92, p. 101-102.

se manifestar através da ditadura da pobreza. [...] Isso quer dizer: só o julgamento dos pobres tem um poder revolucionário".

Se ele toma cuidado para distinguir a dimensão messiânica da revolução (uma espécie de *hybris*) daquela do judaísmo, nem por isso deixa de opor as duas dimensões às pseudorrevoluções liberais e "progressistas":

> A revolução se encontra lá onde o reino messiânico deve ser instaurado sem o Ensinamento [*die Lehre*]. Em última análise, não *pode* haver para o judeu *nenhuma* revolução. A revolução judaica é exclusivamente a reconexão [*Wiederanschluss*] com o Ensinamento. Uma revolução que é, em todo caso, orientada para o reino messiânico, como a bolchevique ou como a Revolução Francesa, deve ser distinguida, por princípio, das fracas pseudorrevoluções tais como a alemã de 1848, que é centralizada no "Progresso".

Para Scholem, o bolchevismo é uma reação messiânica à guerra. Se ele opõe àquela o sionismo (isto é, sua própria perspectiva), que não reage à guerra, mas se desvia dela, sugere, ao mesmo tempo, que aquele que, ao contrário dos sionistas, se situa *na* história atual só pode se tornar partidário do bolchevismo.

Em uma passagem das *Tagebuchaufzeichnungen*, encontramos uma definição que parece aproximar, mais que opor, o comunismo e o messianismo judaico: "o comunismo, que tem um horizonte religioso, nunca depende da economia, mas se determina, em sua natureza, exclusivamente a partir da relação da era [*Zeitalters*] com o reino messiânico. E o reino messiânico pode ser estabelecido *hoje* – "'Haiom im bekoli tischmehu'"[23].

Curiosamente, Scholem não parece ter sido seguido por Benjamin nesse terreno, que não irá sofrer a fascinação do bolchevismo senão apenas anos mais tarde, em 1923.

◆ ◆ ◆

Reencontramos uma parte dessas preocupações na ponta do iceberg: as pesquisas históricas publicadas pelo universitário

---

23 Em hebraico: "hoje, se vós escutais (obedeceis a) minha voz".

Gershom Scholem, a partir de sua chegada a Jerusalém em 1923. A maioria dos seus trabalhos sobre a cabala no decorrer dos anos de 1920 e no começo dos anos 30 tem, como centro vital, a dimensão messiânica/apocalíptica do fenômeno. Encontramos esses temas na primeira grande obra de Scholem – dedicada à memória de Walter Benjamin – *Die Judische Mystik* (As Grandes Correntes da Mística Judaica, 1941). Para a Cabala – em particular na sua reinterpretação por Isaac Luria, o grande mestre da escola de Safed (século XVI) – o *Tikun*, o caminho que conduz ao fim das coisas, é também o caminho que leva ao começo. Implica uma restauração da ordem ideal, isto é, "a restituição, a reintegração do todo original". O advento do Messias é o cumprimento do *Tikun*, a Redenção enquanto "retorno de todas as coisas ao contato original com Deus". O *Olam ha-Tikun* é, portanto, o mundo da reforma messiânica, do apagamento da mácula, do desaparecimento do mal[24].

A partir dos anos de 1950, Scholem vai se interessar, de modo intenso, pelos movimentos messiânicos "heréticos", especialmente aqueles iniciados pelo "Messias místico" do século XVII, Sabatai Tzvi. Na monumental obra que ele dedica ao sabataísmo em 1957 (original em hebraico), a personagem principal é menos o novo "Messias" que seu profeta e teólogo, Natan de Gaza, cujos seus admiradores chamam de *butzina kadischa*, "o candeeiro sagrado". Scholem é fascinado por essa figura e por suas inovações heterodoxas e surpreendentes: a ideia de redenção universal – graças ao Messias Sabatai – de todos os pecadores, sem exceção (mesmo Jesus de Nazaré, finalmente restabelecido ao seu povo); ou então a proclamação de que com a era messiânica se abre o reino de uma nova *Torá*, a *Torá* da Árvore da Vida, que abole as normas e as interdições. Essa doutrina é a origem do que Scholem chama de *antinomismo* sabataiano, e é sua vocação ao "anarquismo religioso"[25].

É com a mesma atenção que ele irá examinar, um pouco mais tarde, a evolução do sabataísmo no século XVIII, sob a

---

24 *Les Grands courants de la mystique juive*, Paris: Payot, 1968, p. 286-304. (Trad. bras., *As Grandes Correntes da Mística Judaica*, 3. ed., São Paulo: Perspectiva, 1995, p. 296-319.)
25 *Sabbatai Sevi, the Mystical Messiah*, Princeton University Press, 1973, p. 207. (Trad. bras., *Sabatai Tzvi: O Messias Místico I*, São Paulo: Perspectiva, 1995, p. 202-203.)

direção do novo Messias, Jakob Frank. Trata-se de um movimento animado por uma visão "niilista" da redenção, que rejeita todas as regras ou leis, e que aspira a um tipo "de utopia terrena anarquista"[26].

É nesse momento, no fim dos anos de 1950, que Scholem irá sistematizar sua teoria do messianismo judeu como *doutrina restauracionista/utópica*, em seu célebre ensaio "Pour comprendre le messianisme juif" (Para Compreender o Messianismo Judeu, 1959). Conforme esse texto, o messianismo contém, na tradição judaica, duas tendências ao mesmo tempo intimamente ligadas e contraditórias: uma corrente *restauradora*, voltada para o restabelecimento de um estado ideal do passado, de uma idade de ouro perdida, de uma harmonia edênica destruída, e uma corrente *utópica*, aspirando a um futuro radicalmente novo, a um estado de coisas que jamais existiu. A proporção entre as duas tendências pode variar, mas a ideia messiânica se cristaliza apenas a partir da sua combinação. Elas são inseparáveis, em uma relação dialética admiravelmente colocada em evidência por Scholem:

> Mesmo a corrente restauradora veicula elementos utópicos e, na utopia, fatores da restauração estão em atividade... Esse mundo completamente novo comporta ainda aspectos que dependem nitidamente do mundo antigo, mas esse mundo antigo, ele mesmo não é mais idêntico ao passado do mundo; é antes um passado transformado e transfigurado pelo sonho explosivo da utopia[27].

Ele também coloca em evidência o caráter *catastrófico* e revolucionário da concepção messiânica da história: "O messianismo judeu é, em sua origem e em sua natureza – nunca é demais insistir nisso aqui –, uma teoria da catástrofe. Essa teoria insiste no elemento revolucionário, cataclísmico, na transição do presente histórico ao porvir messiânico". Entre o presente e o

---

26 Die Metamorphose des häretischen Messianismes der Sabbatianer in religiösen Nihilismus am 18. Jahrhundert" [1963], *Judaica, III*, Frankfurt: Suhrkamp, 1973, p. 207-217. (Trad. bras., A Metamorfose do Messianismo Herético dos Sabateístas em Niilismo Religioso no Século XVIII, em G. Scholem, *O Nome de Deus. A Teoria da Linguagem e Outros Estudos da Cabala e Mística: Judaica II*, São Paulo: Perspectiva, 1999, p. 167-183.)
27 Pour comprendre le messianisme juif, *Le Messianisme juif. Essais sur la spiritualité du judaïsme*, Paris: Calmann-Lévy, 1974, p. 46.

futuro, entre a decadência atual e a redenção, há um abismo: em muitos textos talmúdicos aparece, aliás, a ideia de que o Messias virá somente numa era de corrupção e de culpabilidade total. Esse abismo não pode ser transposto por qualquer "progresso" ou "desenvolvimento": só a catástrofe revolucionária, com um colossal desarraigamento, com uma destruição total da ordem existente, abre a via à redenção messiânica. O messianismo secularizado do pensamento judaico liberal do século XIX – cujo filósofo neokantiano Hermann Cohen é um bom exemplo –, com sua ideia de um progresso ininterrupto, de um aperfeiçoamento gradual da humanidade, não tem nada a ver com a tradição dos profetas e dos agadistas, para os quais o advento do Messias implica sempre um abalo geral, em uma tempestade revolucionária: "A *Bíblia* e os escritores apocalípticos nunca consideraram um progresso da história que levasse à redenção [...] A redenção é antes o surgimento de uma transcendência acima da história, a projeção de um jato de luz a partir de uma fonte externa à história"[28].

Podemos apenas constatar a notável continuidade dos temas e das opções na reflexão de Scholem sobre o messianismo, desde os anos da juventude até seus últimos escritos: é uma linha vermelha que atravessa o conjunto de sua obra. Mas sua atitude não é simplesmente a de um historiador erudito do messianismo judeu: basta ler atentamente seus trabalhos para perceber a *simpatia* – no sentido etimológico grego do termo – do pesquisador com seu objeto.

---

28 *Le Messianisme juif*, p. 26-27, 31, 34-35, 37-38. Revisto conforme o original alemão, *Judaica* 1, p. 12-13, 20, 24-25, 29-30. A crítica de Scholem contra o esvaziamento da dimensão catastrófica do messianismo judeu, e sua redução a uma ideia de "progresso eterno" da humanidade, se refere explicitamente a Hermann Cohen, mas me parece que ela traz também, implicitamente, uma polêmica com Joseph Klausner, seu colega da Universidade Hebraica de Jerusalém e historiador nacionalista do messianismo, para quem a "quintessência do messianismo judeu" é precisamente "o ideal do progresso incessante, do desenvolvimento espiritual contínuo". J. Klausner, *The Messianic Idea in Israel from its Beginning to the Completion of the Mishnah*, London: Allen & Unwin, 1956, p. 70-71.

12. O Princípio Esperança de Ernst Bloch Face ao Princípio Responsabilidade de Hans Jonas

Tive a chance de conhecer Ernst Bloch pessoalmente. Nosso encontro aconteceu em 1974, em seu apartamento de Tübingen, situado próximo da escola em que – como geralmente ele gostava de lembrar em seus escritos –, em 1789, os jovens Hegel, Schelling e Hölderlin plantaram uma árvore da liberdade para festejar a Revolução Francesa. Ele já estava com 89 anos de idade, praticamente cego, mas com uma impressionante lucidez.

Entre suas observações, no momento de nossa entrevista, havia uma que me surpreendeu muito e que resume a fidelidade obstinada de toda uma vida à ideia de utopia:

O mundo, tal como existe, *não é verdadeiro*. Há um segundo conceito de verdade, que não é positivista, que não é fundado em uma constatação da facticidade [...]; mas que é, antes, carregado de valor (*Wertgelanden*), como, por exemplo, no conceito "um verdadeiro amigo", ou na expressão de Juvenal, *Tempestas poetica* – ou seja, uma tempestade tal qual se encontra no livro, uma tempestade poética, tal qual a realidade jamais conhecerá uma tempestade levada aos extremos, uma tempestade radical. Portanto, uma *verdadeira* tempestade, nesse caso com relação à estética, à poesia – na expressão "um verdadeiro amigo", com relação à esfera moral. E se isso não corresponde aos fatos – e, para nós marxistas, os fatos são apenas momentos reificados de um processo, e nada mais –, nesse caso aqui, *tanto pior para os fatos* (*um so schlimmer für die Tatsachen*), como diria o velho Hegel[1].

As referências aqui são latinas e germânicas, mas não podemos nos impedir de pensar, ao ler essas palavras, em uma velha qualidade judaica, perfeitamente descrita por um termo hebraico e ídiche bem conhecido: a *hutzpá*, isto é, em tradução bastante aproximada, a audácia, a insolência, o desafio.

O sonho desperto da utopia está no coração da reflexão de Bloch desde os seus primeiros escritos, *O Espírito da Utopia*, de 1918, e *Thomas Münzer como Teólogo da Revolução*), de 1921. Sua *démarche*, tomada de múltiplas fontes filosóficas, literárias e religiosas, entre as quais o *messianismo judeu*, ocupa um lugar de escolha. Em um capítulo intitulado "Símbolo: Os Judeus", da primeira edição de *O Espírito da Utopia* (1918)[2], ele celebra a religião judaica como aquela que possui a virtude essencial de estar "edificada sobre o Messias, sobre o apelo ao Messias". É essa crença que produz a continuidade histórica do "povo dos *Salmos* e dos profetas" e que inspira, no começo do século XX, "o despertar do orgulho de ser judeu". Conforme Bloch, Jesus era um verdadeiro profeta judeu, mas não era o verdadeiro Messias: o "Messias longínquo", o Salvador, o "último Christus, ainda desconhecido", não chegou ainda[3].

A utopia revolucionária em Bloch – assim como em Walter Benjamin – é inseparável de uma concepção messiânica/milenarista da temporalidade, oposta a todo gradualismo do progresso: ao escrever sobre Thomas Münzer e a guerra dos camponeses do século XVI, ele observa: "Não era para tempos melhores que se conduzia o combate, mas para o fim de todos os tempos [...] *a irrupção do Reino*". Sua atitude era

---

1 Ver infra, p. 174-175.
2 Esse capítulo, suprimido das edições seguintes de *O Espírito da Utopia*, foi publicado com o prefácio de Raphäel Lellouche, Les Juifs dans l'utopie, em E. Bloch, "*Symbole: Les Juifs*", *un Chapitre oublié de l'Esprit de l'utopie*, Paris: Éditions de l'éclat, 2009.
3 *Geist der Utopie*, Munich/Leipzig: Dunker & Humblot, 1918, p. 323, 331-332. Ver sobre esse tema o belo livro de Arno Münster, *Figures de l'utopie chez Ernst Bloch*, Paris: Aubier, 1985.

curiosamente "sincrética", ao mesmo tempo judaica e cristã – como, por exemplo, nessa outra passagem do livro sobre Münzer, que compara o Terceiro Evangelho de Joaquim de Fiore, o milenarismo dos camponeses anabatistas e o messianismo dos cabalistas de Safed, que aguardam, no norte do lago Tiberíades, "o vingador messiânico, o destruidor deste Império e deste Papado... o restaurador do *Olam ha-Tikun*, verdadeiro Reino de Deus...". Não se trata apenas da história: Bloch acredita, em 1921, na iminência, na Europa, de uma mudança revolucionária, que ele descreve em uma linguagem judio-messiânica como a princesa de Sabat que surge, ainda escondida atrás de uma fina muralha rachada, ao passo que "nobremente vestida, sobre os escombros de uma civilização arruinada [...] se eleva o espírito da indestrutível utopia"[4].

O Princípio Esperança é o livro mais importante de Ernst Bloch e, sem dúvida, uma das maiores obras do pensamento emancipador do século xx. Monumental (tem mais de 1600 páginas), ela ocupou o autor durante uma boa parte da sua vida: escrita durante seu exílio nos Estados Unidos, de 1938 a 1947, ela será revista uma primeira vez em 1953 e uma segunda em 1959. Depois de sua condenação como "revisionista" pelas autoridades da República Democrática Alemã, seu autor acaba deixando a Alemanha do Leste, na época da construção do muro de Berlim, em 1961[5].

Ninguém jamais escreveu um livro como esse, mesclando, em uma mesma inspiração visionária, os pré-socráticos e Hegel, a alquimia e as novelas de Hoffmann, a heresia ófita* e o

---

4 *Thomas Münzer, théologien de la révolution*, Paris: Julliard, 1975, p. 84, 91, 305-306. Hans Jonas critica o marxismo, no geral, e a Bloch, em particular, por seu messianismo, sua "escatologia secularizada", seu "milenarismo" (*Chiliasmus*) e sua aspiração desmedida a "uma metamorfose do ser humano" – acompanhada da recusa de uma "simples melhoria" fundada em um razoável e eficaz "programa de reformas". Hans Jonas, *Das Prinzip Verantwortung*, Frankfurt: Suhrkamp, 1979, p. 313-315, 386.
5 Desde dezembro de 1956, o jornal diário do partido oficial, *Neues Deutschland*, escrevia: "A filosofia de Bloch serve objetivamente a fins políticos reacionários". Citado em A. Münster, Eileitung, *Tagträume vom aufrechten Gang: Sechs Interviews mit E. Bloch*, Frankfurt: Suhrkamp, 1978, p. 11.
* A heresia ófita está relacionada a uma seita gnóstica do Egito (século II d. C.) que cultuava a serpente que tentou Eva. Por ter revelado ao homem o conhecimento do bem e do mal, os membros da seita atribuíam grande importância a esse animal como símbolo da gnose e do Messias (N. da T.).

messianismo de Sabatai Tzvi, a filosofia da arte de Schelling e o materialismo marxista, as óperas de Mozart e as utopias de Fourier.

Abramos uma página ao acaso: trata do homem da Renascença; do conceito de matéria, em Paracelso e Jakob Böhme; da *Sagrada Família* de Marx; da doutrina do conhecimento em Giordano Bruno; e do *Tratado Sobre a Reforma da Inteligência*, de Spinoza. A erudição de Bloch é tão enciclopédica que raros são os leitores capazes de opinar, com conhecimento de causa, sobre cada tema desenvolvido nos três volumes do livro. Seu estilo geralmente é hermético, mas tem uma potente qualidade sugestiva: cabe ao leitor aprender a filtrar as joias de luz e as pedras preciosas semeadas pela pena poética, e às vezes esotérica, do filósofo[6].

Ao contrário de tantos outros pensadores de sua geração – a começar por seu amigo Georg Lukács –, Bloch permaneceu fiel às intuições de sua juventude e nunca renegou o romantismo revolucionário dos seus primeiros escritos. Desse modo, encontramos, em *O Princípio Esperança*, frequentes referências a *O Espírito da Utopia*, especialmente a ideia de utopia como consciência antecipadora, como figura do "pré-aparecimento".

A aposta fundamental de Ernst Bloch é a seguinte: a filosofia terá a consciência do dia seguinte, a decisão do futuro, o saber da esperança, ou ela não terá saber nenhum sobre nada. Aos seus olhos, é a vontade utópica que guia todos os movimentos de libertação na história da humanidade: "Os cristãos também a conheciam à sua maneira, ora com uma consciência sonolenta, ora com um interesse bem desperto: ela não lhes foi legada nas passagens da *Bíblia* relativas ao êxodo e ao messianismo?[7]"

A filosofia da esperança de Bloch é antes de tudo uma teoria do *Não-ser-ainda*, em suas diversas manifestações: o Não-consciente-ainda do ser humano, o Não-devir-ainda da história, o Não-manifestado-ainda no mundo.

---

6   Ver o artigo de Jack Zipes sobre o livro de Wayne Hudson, *The Marxist Philosophy of Ernst Bloch*, em *Telos*, v. II, n. 58, 1983. A página em questão é a 484 do volume II da edição francesa.
7   *Le Principe Esperance*, Paris: Gallimard, 1976, v. I, p. 15.

Pois, para ele, o mundo humano é pleno de disposição a alguma coisa, de tendências para alguma coisa, de *latência* de alguma coisa, e essa alguma coisa para a qual ele tende é o resultado da intensão utópica: um mundo liberto de sofrimentos indignos, da angústia, da alienação. Em sua pesquisa acerca das funções antecipadoras do espírito humano, o sonho ocupa um lugar importante, desde sua forma mais cotidiana – o sonho acordado – até o "sonho direcionado ao futuro" inspirado pelas imagens de desejo.

O paradoxo central do *Princípio Esperança* é que esse texto poderoso, totalmente voltado para o horizonte do *porvir*, para o *Front*, para o *Novum*, para o Não-ser-ainda, não diz quase nada sobre o... futuro. Praticamente ele jamais tenta imaginar, prever ou prefigurar a próxima fisionomia da sociedade humana – salvo nos termos clássicos da perspectiva marxista: uma sociedade sem classes nem opressão. A ficção científica ou a futurologia moderna não interessam nada a ele. Na realidade – colocando à parte os capítulos mais teóricos – o livro é uma imensa e fascinante viagem através do *passado*, em busca das imagens do desejo e das paisagens da esperança, dispersas nas utopias sociais, medicais, arquiteturais, técnicas, filosóficas, religiosas, geográficas, musicais e artísticas.

Nessa modalidade bastante particular da dialética tipicamente romântica entre o passado e o futuro, a aposta está *na descoberta do futuro nas aspirações do passado* – sob a forma de *promessa não cumprida*: "As barreiras erguidas entre o futuro e o passado desmoronam-se, assim, por elas mesmas, o futuro não tornado torna-se visível no passado, enquanto o passado vingado e recebido como uma herança, o passado mediado e levado ao bem, torna-se visível no futuro"[8]. Não se trata, portanto, de cair em uma sonhadora e melancólica *contemplação* do passado, mas de fazer desse passado uma fonte viva para a *ação* revolucionária, para uma práxis orientada ao cumprimento da utopia.

O complemento necessário do pensamento antecipador, voltado para o mundo por vir, é o olhar crítico para com *esse mundo aqui*: a vigorosa acusação direcionada à civilização in-

---

8 *Idem*, p. 16.

dustrial/capitalista e aos seus danos é um dos principais temas (frequentemente ignorados) do *Princípio Esperança*. Bloch prega no pelourinho a "pura infâmia" e "a impiedosa ignomínia" daquilo que ele chama de "o mundo atual dos *affaires*", um mundo "geralmente colocado sob o signo da escroqueria", no qual "a sede de ganho sufoca qualquer outro elã humano". Ele também critica as cidades modernas frias e funcionais, que não são mais lares – *Heimat*, um dos termos-chave do livro – mas "máquinas habitadas", reduzindo os seres humanos "ao estado de cupins estandardizados". Negando todo ornamento e toda linha orgânica, recusando a herança gótica da árvore da vida, as construções modernas assemelham-se ao cristal da morte representado pelas pirâmides egípcias. Em última análise, "a arquitetura funcional reflete e até mesmo redobra o caráter glacial do mundo da automação, dos seus homens divididos pelo trabalho, de sua técnica abstrata"[9].

Entre todas as formas da consciência antecipadora, a religião ocupa, em *O Princípio Esperança*, um lugar privilegiado, porque ela constitui, para seu autor, a utopia por excelência, a utopia da perfeição, a totalidade da esperança. É necessário, no entanto, esclarecer que a religião a qual reclama Bloch é – para tomar um dos seus paradoxos favoritos – uma religião ateia. Trata-se de um Reino de Deus sem Deus, que derruba o Senhor do Mundo instalado em seu trono celeste e o substitui por uma "democracia mística": "O ateísmo é tão pouco o inimigo da utopia religiosa, que nele próprio ela está pressuposta: *sem ateísmo, o messianismo não tem lugar para ser*"[10].

Entretanto, Bloch continua a distinguir, de modo bastante categórico, seu ateísmo religioso de todo materialismo vulgar, do "perigoso desencantamento", veiculado pela versão mais rasa das Luzes – a que ele chama de *Aufklähricht* distinguindo-a da *Aufklärung* – e pelas doutrinas burguesas da secularização. Não se trata de opor à crença as banalidades do livre pensamento, mas de salvar, transportando-os para a imanência, os tesouros da esperança e os conteúdos do desejoso da

---

9 Idem, v. I, p. 183; v. II, p. 204-205, 298, 349-352.
10 *Das Prinzip Hoffnung*, Frankfurt: Suhrkamp, 1979, v. III, p. 1408, 1412-1413, 1524. Trata-se de um tema amplamente desenvolvido por Bloch na obra *L'Athéisme dans le christianisme*, Paris: Gallimard, 1981.

religião, tesouros entre os quais encontramos, sob as mais diversas formas, *a ideia comunista*: do comunismo primitivo da *Bíblia* (lembrança das comunidades nômades) ao comunismo monástico de Joaquim de Fiore e até o comunismo quiliástico das heresias milenaristas (albigenses, hussitas, taboritas, anabatistas). Para pôr em evidência a presença dessa tradição no socialismo moderno, Bloch conclui, maliciosamente, seu capítulo sobre Joaquim de Fiore com uma citação pouco conhecida e bastante surpreendente do jovem Friedrich Engels:

> A consciência de si da humanidade é o novo Graal, em torno do qual os povos se reúnem plenos de alegria [...]. Eis nossa tarefa: tornarmo-nos os cavaleiros desse Graal, cingir a espada por ele e arriscar alegremente nossa vida na última guerra santa que será seguida do Reino milenar da liberdade[11].

O que o marxismo traz de novidade é a *docta spes* (esperança douta), a ciência da realidade, o saber ativo voltado para a práxis transformadora do mundo e para o horizonte do futuro. Ao contrário das utopias abstratas do passado – que se limitavam a opor sua imagem-desejo ao mundo existente –, o marxismo parte das tendências e das possibilidades objetivas presentes na própria realidade: é graças a essa mediação real que ele permite o advento da *utopia concreta*.

Entre parênteses: apesar de sua admiração, na época (antes de 1956), pela União Soviética – e sua ausência de crítica para com o sistema burocrático e ditatorial que reinava nos países do Leste – Bloch não confundia o "socialismo real" com essa utopia concreta, que permanecia, aos seus olhos, uma tendência latente inacabada, uma imagem-desejo que ainda não foi completada. Seu sistema filosófico era totalmente fundado na categoria do Não-ser-ainda, e não sobre a legitimação de um Estado qualquer "realmente existente".

O marxismo de Bloch era assaz heterodoxo: enquanto Marx despedia-se da utopia e Engels preconizava, em um célebre livreto de 1888, a passagem do socialismo "da utopia à ciência", Bloch não hesita em inverter essa ordem. Certamente,

---

11 *Le Principe Espérance*, v. II, p. 66-67, 82-87; *Das Prinzip Hoffnung*, v. III, p. 1454, 1519-1526, 1613.

ele não nega a necessidade da ciência: o socialismo só pode representar seu papel revolucionário na unidade inseparável da sobriedade e da imaginação, da razão e da esperança, do rigor do detetive e do entusiasmo do sonhador. Segundo uma expressão tornada célebre, é necessário fundir a corrente fria e a corrente quente do marxismo, ambas igualmente necessárias. Contudo, ele estabelece entre elas uma clara hierarquia: a corrente fria existe *para a corrente quente*, a serviço dela[12].

A "corrente quente" do marxismo inspira em Bloch o que ele chama de seu "otimismo militante, ou seja, sua esperança ativa no *Novum*, no cumprimento da utopia. Hans Jonas criticou "o otimismo implacável" de Bloch e é verdade que, por vezes, o autor do *Princípio Esperança* parece cair nesse gênero de extravagância. Todavia, é justo lembrar que ele critica muito explicitamente o que chama de "otimismo plano da fé automática no progresso". Considerando que esse falso otimismo tende perigosamente a tornar-se um novo ópio do povo, Bloch até mesmo pensa que uma "pinçada de pessimismo seria preferível a essa fé cega e plana no progresso. Pois um pessimismo preocupado com o realismo se deixa menos facilmente se surpreender e se desorientar pelos reveses e pelas catástrofes". Ele insiste, por consequência, no "caráter objetivamente não garantido" da esperança utópica[13].

Em homenagem a Ernst Bloch, Theodor Adorno, um dos pensadores mais pessimistas do século, exaltou o autor do *Princípio Esperança* como um dos mais raros filósofos de nossa época e que jamais abandonou o pensamento de um mundo sem dominação nem hierarquia[14].

Ao contrário do que parece sugerir Hans Jonas, não existe necessariamente contradição entre "Princípio Esperança", tal como Bloch o formula, e o "Princípio Responsabilidade", o sentido de uma preservação do meio para as gerações do futuro. Se excluirmos uma visão bem ingênua das possibilidades da energia nuclear civil, Bloch é, como vimos, bastante crítico no que diz respeito à civilização tecnológica/industrial moderna.

---

12 *Das Prinzip Hoffnung*, v. III, p. 1606-1621.
13 *Le Principe Espérance*, v. I, p. 240-241 e *Das Prinzip Hoffnung*, v. III, p. 1624-1625.
14 *Noten zur Literatur*, Frankfurt: Suhrkamp, 1871, p. 150.

Sua utopia social é inseparável do sonho de outra relação, cooperativa e não destruidora, entre os humanos e a natureza.

Não é meu objetivo aqui discutir as críticas de Hans Jonas a Ernst Bloch: isso necessitaria de outro espaço. Contudo, eis apenas uma observação: Hans Jonas acusa os marxistas, em geral, e Bloch, em particular, de antropocentrismo e de não ter nenhuma sensibilidade pelo romantismo da natureza (*Naturromantik*)[15]. Penso que Bloch aceitaria sua culpa pela primeira acusação: com efeito, o "Princípio Esperança" visa à felicidade do gênero humano. Mas se levarmos em consideração que isso não pode se realizar em um meio natural degradado, o antropocentrismo ou o humanismo utópico não é oposto às preocupações ecológicas, muito pelo contrário. Quanto à segunda crítica, Bloch a rejeitaria sem hesitar: ele é, sem dúvida, de todos os pensadores marxistas, o mais marcado pela filosofia romântica da natureza.

A crítica de Bloch com respeito à técnica moderna é motivada antes de tudo pela exigência romântica de uma relação mais harmônica com a natureza. A técnica atual – que ele designa como "burguesa" – mantém com a natureza uma relação apenas comercial e hostil: ela "se encontra instalada na natureza como um exército que ocupa um país inimigo". Como os pensadores da Escola de Frankfurt, o autor do *Princípio Esperança* considera que "o conceito capitalista da técnica em seu conjunto" reflete "uma vontade de dominação, de relação entre senhor e escravo" com a natureza. Não se trata de negar a técnica como tal, mas de opor à que existe nas sociedades modernas a utopia de uma "técnica de aliança, uma técnica mediada com a coprodutividade da natureza", uma técnica "compreendida como liberação e mediação das criações latentes escondidas no regaço da natureza" – fórmula emprestada (como é frequente em Bloch, sem referência de fonte) de Walter Benjamin[16].

Essa sensibilidade, que poderíamos chamar de "pré-ecológica", é inspirada diretamente pela filosofia romântica da natureza, com sua concepção *qualitativa* do mundo natural. Conforme Bloch, é com o impulso do capitalismo, do valor de troca e do cálculo mercantil que iremos assistir ao "esquecimento do

---

15 *Das Princip Verantwortung*, Frankfurt: Suhrkamp, 1971, p. 150.
16 *Le Principe Espérance*, v. II, p. 267, 271, 295, 302, 303.

orgânico" e à "perda do sentido da qualidade" na natureza. Goethe, Schelling, Franz von Baader, Joseph Molitor e Hegel são alguns dos representantes de um retorno ao qualitativo, que se desenvolve em reação contra esse esquecimento. Habermas não fará mal ao qualificar Ernst Bloch de "Schelling marxista", na medida em que tenta articular, em uma combinação única, a filosofia romântica da natureza e o materialismo histórico[17].

◆ ◆ ◆

O Princípio Esperança, de Ernst Bloch, foi publicado em 1959 e o *Principe Responsabilité*, de Hans Jonas, em 1979. Desde então, a crise ecológica – que é uma profunda crise da civilização – está agravada infinitamente, e a ameaça de uma catástrofe ambiental a proporções imprevisíveis se apresenta no horizonte das próximas décadas. É toda a civilização capitalista/industrial – e sua cópia burocrática naufragada em 1989 –, com sua produtividade fanática, que surge como responsável, não somente pelo crescimento exponencial da poluição do ar, da terra e da água, mas também pelos ataques, pode-se dizer irreversíveis, ao sistema ecológico do planeta.

Não se trata mais apenas da responsabilidade para com as gerações futuras, como pensava Jonas, mas totalmente para com a nossa própria geração. As perturbações climáticas resultantes do efeito estufa – para mencionar só um exemplo – já se fazem sentir e há riscos, em um futuro próximo, de consequências dramáticas para o conjunto da humanidade. O Princípio Responsabilidade, para ter uma verdadeira significação ética, não pode se referir exclusivamente "à natureza", mas antes ao meio ambiente natural da vida humana: o antropocentrismo é aqui sinônimo de humanismo. As utopias cientificistas, de inspiração baconiana – celebradas de modo pouco crítico por Ernst Bloch em seu *opus major*[18] –, ou as utopias economistas fundadas no Princípio Expansão – um desenvolvimento ilimi-

---

17 *Le Principe Espérance*, v. I, p. 17; II, p. 266, 293, 410. Ver J. Habermas, Un Schelling marxiste, *Profils philosophiques et politiques*, Paris: Gallimard, 1974, p. 193-214.
18 Ver as páginas bem discutíveis dedicadas a "L'*Ars inveniendi* de Bacon" em *Principe Espérance*, v. II, p. 246-255.

tado da produção, um crescimento infinito da consumação –, são, desse ponto de vista, eticamente "irresponsáveis", porque contraditórias com o equilíbrio ecológico do planeta.

Ora, as meia medidas, as ecorreformas, as conferências intergovernamentais têm mostrado amplamente seus limites e sua impotência. Propostas como a "marcha dos direitos de poluição" visam apenas a perpetuar o estado das coisas existentes, em proveito dos maiores poluidores, a começar pelos EUA. Como imaginar uma solução real, isto é, *radical*, ao problema da crise ecológica, sem mudar, de alto a baixo, o modo atual de produção e de consumo, gerador de desigualdades gritantes e de danos catastróficos? Como impedir a degradação crescente do meio ambiente sem romper com uma lógica econômica que só conhece a lei do mercado, do lucro e da acumulação? Ou seja, sem um projeto *utópico* de transformação social, que submeta a produção a critérios extraeconômicos, democraticamente escolhidos pela sociedade? E como imaginar tal projeto sem integrar, como um dos seus principais eixos, uma nova atitude para com a natureza, que tenha respeito pelo meio ambiente? O Princípio Responsabilidade é incompatível com um conservadorismo frio, que se recusa a pôr em questão o sistema econômico e social existente, e que qualifica de "irrealista" toda busca por uma alternativa.

Longe de serem contraditórios, os dois princípios são, portanto, estreitamente ligados, inseparáveis, mutuamente dependentes, dialeticamente complementares. Sem o Princípio Responsabilidade, a utopia não pode ser nada além de destrutiva, e sem o Princípio Esperança, a responsabilidade é apenas uma ilusão conformista.

Apêndice: Entrevista com Ernst Bloch

Tübingen, 24 de março de 1974.

NOTA: Esta entrevista teve por objetivo esclarecer alguns aspectos das relações entre Bloch e Lukács, sobretudo durante o período de 1910 a 1918, no quadro da problemática geral de formação da corrente anticapitalista nos intelectuais alemães na virada do século XIX para o XX.

LÖWY *O senhor poderia nos dizer alguma coisa sobre o círculo Max Weber de Heidelberg? Qual gênero de diálogo era dominante? Poderíamos falar de certa tendência anticapitalista?*

BLOCH Não é preciso exagerar... Havia um *Schiur* (seminário privado) que se reunia aos domingos à tarde na casa de Weber, no qual participava a metade do círculo de Stefan George, portanto não precisamente os revolucionários... E o próprio Weber era também bastante afastado da revolução. Ele se considerava objetivo e portador de uma ciência livre de julgamentos de valor (*Wert-frei*). O marxismo não representava, naquela época, o papel que tem agora; ele era considerado um modelo entre outros, uma realidade literária entre outras, e, portanto, não era objeto de polêmicas no círculo. Aliás, com pessoas como Gundolf, era impossível discutir sobre o que quer que seja; não lhe era possível projetar o presente no passado dos anos de 1910-1913.

No momento em que a guerra eclodiu, Weber era um militarista entusiasta; para nos receber no domingo, colocava seu uniforme de oficial da reserva...

Havia, entretanto, em Heidelberg, uma espécie de ala da esquerda, antimilitarista, como o senhor, Lukács e talvez outros, não?

Éramos poucos. Tínhamos um círculo no qual participava Jaspers, que desde o início era opositor à guerra; portanto, Jaspers, eu, Lukács, Radbruch, um jurista que pertencia à ala da esquerda da social-democracia[1], o economista Lederer e alguns outros. Toller e Leviné chegaram mais tarde a Heidelberg, quando eu já estava de partida.

Eu gostaria de contar ao senhor algumas lembranças sobre minhas relações com Lukács. Elas começaram assim: eu era muito amigo de Georg Simmel em Berlim; ele tinha um *Schiur* no qual eu participava às vezes. Um dia, Simmel me convidou para ir a uma dessas reuniões, porque ele queria minha opinião a propósito de um jovem historiador de literatura e esteta, que chegou a Berlim com uma recomendação da Academia Húngara de Ciências. "Uma recomendação dessa instituição", me diz Simmel sorrindo, "não quer dizer grande coisa... Enfim, o jovem me enviou um livro sobre a sociologia do drama inglês, e eu gostaria que você falasse com ele e que me dissesse em seguida qual sua impressão sobre o rapaz". Chegou uma bela tarde e fui à casa de Simmel, mas na realidade havia me esquecido de levar um julgamento sobre o meu interlocutor; no entanto havia trocado algumas palavras com ele. Quando todos foram embora, Simmel me procurou: "Então, qual é sua impressão? O que você pensa sobre esse homem... – como ele se chama? –, Georg Lukács, com o qual você falou". Respondi: "Ah, sim, é verdade, eu havia esquecido completamente do seu

1 Sobre as relações entre Lukács e Radbruch, ver *Pour une sociologie des intellectuels révolutionnaires*, Paris: PUF, 1976, p. 131, n. 2.

pedido... Sim, falei com ele, mas, francamente, não sei nada dele, não tenho nenhuma impressão"

Mais tarde fui a Budapeste, à casa de uma amiga que conhecia Lukács, Emma Ritook, e lhe contei sobre minha impressão negativa, ou antes, minha falta de impressão. Emma Ritook transmitiu essa opinião a Lukács, que lhe respondeu: "Jamais pensei que um filósofo notável deva ser também um bom conhecedor de homens". Quando fui informado dessa resposta, fiquei desarmado, pois eu não era capaz de uma tão alta "moralidade objetiva". Esse foi o início do meu respeito por aquele que nomeei, em *Geist der Utopie* (O Espírito da Utopia), como "o Gênio da Moral".

Então, em Budapeste, conheci Lukács mais profundamente que em Berlim, na casa de Simmel, e descobrimos rapidamente que tínhamos *a mesma opinião sobre tudo*; uma identidade de pontos de vista tão grande que fundamos um "parque nacional protegido" (*Naturschutzpark*) de nossas diferenças, para não dizermos sempre a mesma coisa.

Quais eram essas diferenças?

Uma divergência bem artificialmente conservada, artificialmente sustentada, sobre a relação entre a arte e o mito. Um de nós dizia que a arte estava em oposição com o mito, e o outro que a arte era o mito secularizado. Essa divergência nós havíamos, contra nossa convicção, artificialmente intensificado, para que existisse ao menos uma diferença e uma distinção entre nós sobre o terreno da teoria. Fora isso, não havia nada; quando estávamos separados alguns meses, e nos reencontrávamos em seguida, descobríamos que ambos haviam trabalhado *exatamente* no mesmo sentido; eu podia continuar dali de onde ele tinha chegado, e ele podia continuar de onde eu havia chegado; éramos como vasos comunicantes; a água estava sempre no mesmo nível nos dois lados.

Essa comunhão desapareceu mais tarde. Mas durou por muito tempo, até quando, em 1918, Lukács ainda me escreveu da Suíça para me propor trabalhar em uma filosofia comum. Tratava-se de sua "Estética" – este era então seu tema – na qual ele queria que eu colaborasse no campo da filosofia da música, pois ele não conhecia nada de música.

Ainda era evidente para nós dois, nessa época, que compartilhávamos em tudo da mesma opinião, trabalhando em um material bem diferente. Lukács se ocupava das artes plásticas e da literatura – das quais não compreendo nada, dizia eu naquela época –, mas de música, disso eu entendia, é claro. Você não precisa me mostrar o manuscrito, me escrevia Lukács: "não temos necessidade de discutir sobre ele; sei de antemão que estamos de acordo", tão estreito era nosso relacionamento, a mesma identidade, entre nós, até aproximadamente os anos de 1917-1918.

A primeira divergência séria surgiu quando Lukács foi mobilizado e aceitou partir para Budapeste. Essa foi uma primeira diferença que não pertencia ao "parque nacional protegido": o fato de que ele partira e se deixara mobilizar, em vez de emigrar. Eu, pelo contrário, fui à Suíça porque não queria fazer parte da guerra. Lukács, em nome de uma moral que para mim era completamente incompreensível, acreditava que seu dever era ir a Budapeste e tornar-se soldado. Essa ainda não era uma profunda diferença, mas já era o início de uma separação.

Quando nos encontramos novamente, depois da guerra, em 1921, a velha amizade e a identificação ainda continuaram por algum tempo, mas já havia questões fundamentais que nos opunham. Por exemplo, sobre Schopenhauer.

Nossa relação sempre foi de aprendizagem recíproca. Foi assim que Lukács me fez conhecer Kierkegaard e o místico alemão Mestre Eckhart; eu, por outro lado, por assim dizer, lhe ofereci uma compreensão mais profunda de Hegel. Ora, o hegeliano Lukács e o hegeliano Bloch não estavam de acordo sobre Schopenhauer.

A questão-chave era a do conceito de verdade: ela é uma justificação do mundo (*die Welt rechtfertigend*) ou é hostil ao mundo (*zur Welt feindlich*)? Todo o mundo existente não é desprovido de verdade? O mundo, tal como existe, *não é verdadeiro*. Há um segundo conceito de verdade, que não é positivista, que não é fundado em uma constatação da facticidade, *verification through the facts*; mas que é, antes, carregado de valor (*Wertgelanden*), como, por exemplo, no conceito "um verdadeiro amigo", ou na expressão de Juvenal, *Tempestas poetica* – ou seja, uma tempestade tal qual se encontra no livro, uma tempestade poética, tal qual a realidade jamais conhecerá, uma tempestade levada aos extremos, uma tempestade radical. Portanto, uma *verdadeira* tempestade, nesse caso com relação à estética, à poesia – na expressão "um verdadeiro amigo", com relação à esfera moral. E se isso não corresponde aos fatos – e, para nós marxistas, os fatos são apenas momentos reificados de um processo, e nada mais –, nesse caso aqui, *tanto pior para os fatos (um so schlimmer für die Tatsachen)*, como diria o velho Hegel.

Essa função hostil ao mundo, dissolvente do mundo, é exercida, em Schopenhauer, pelo conceito de Nirvana; o mundo não é real, só o Nirvana é real. A vontade de vida não é verdadeira; ela pode ser constatada, é claro, mas ela não deveria existir; assim, um conceito "valorativo", um conceito de valor (*umstürzende*), é introduzido na realidade. Portanto, sobre essa questão havia entre mim e Lukács um grande debate; porque, na minha opinião, o pensamento de Schopenhauer era uma poderosa oposição à ideologia existente; uma oposição que lamentavelmente leva ao Nirvana e não a Marx... Mas ela valia melhor, por exemplo, que o Hegel reacionário, o Hegel que, depois dos acordos de Karlsbaden, em 1819-1820, modifica sua filosofia do direito tornando-a reacionária; esta não nos interessa; aliás, Schopenhauer não nos interessa mais; não temos necessidade dele; trata-se somente de reconhecer sua oposição ao mundo existente.

Por consequência, em 1921, Lukács e eu não tínhamos mais necessidade do "parque nacional protegido"...

Isso não quer dizer que não tínhamos mais afinidades entre nós. Em *História da Consciência de Classe*, existem partes e pensamentos que são a expressão de uma atitude comum e que vêm, na realidade, de mim; do mesmo modo que em *L'Esprit de l'utopie* existem partes e conteúdos que têm sua origem nas conversas com Lukács; de modo que é difícil para nós dizermos: "Isso vem de mim, aquilo vem de você"; estávamos, na verdade, em profundo acordo.

Depois chegou o Partido, e Lukács jogou fora tudo que lhe era caro e precioso. Por exemplo, em *A Teoria do Romance*, Lukács pôs apenas uma questão sobre a pessoa de Dostoiévski: ele é o precursor de um novo Homero ou já é o novo Homero? Dostoiévski representava então, no pensamento de Lukács, o papel mais elevado que poderia se imaginar. Ora, o próprio

Lukács, alguns anos mais tarde, escreveu uma crítica *aniquilando* (*vernichtende*) Dostoiévski com esta última frase, a qual me recordo: "E assim a glória de Dostoiévski e ele próprio soçobram juntos, em um fim sem glória"[2]. E trata-se do mesmo homem! Alguma coisa de parecido se passou mais tarde com Kierkegaard, tão admirado pelo jovem Lukács moralista, em seguida esmagado em *Die Zerstörung der Vernunft* (A Destruição da Razão). Aqui, mais uma vez, eu não podia mais segui-lo... "Meu caro amigo, meu mestre em Dostoiévski e Kierkegaard", eu lhe disse, "onde está então a verdade? Agora você diz o contrário, exatamente o contrário mais hostil e mais cego, daquilo que você disse há pelo menos três anos, quando eu era seu aluno. Portanto, no que podemos confiar, você estava errado naquela época ou está errado agora? Em que você se tornou, para poder escrever uma tal frase sobre Dostoiévski?"

Sob a influência do Partido, seu horizonte se estreitou, seus julgamentos obedeciam ao, e estavam marcados pelo, selo dos *apparatchiks**; sua escala de valores eliminava, destruía e menosprezava tudo o que não era homogêneo com os *apparatchinks* de Moscou.

Aliás, uma vez, antes, no passado, ele manifestou uma intuição perigosa a propósito de Paul Ernst. Como o senhor se lembra, em *Die Seele und die Formen* (A Alma e as Formas), ele compara Paul Ernst a Sófocles; como isso é possível? Esse é o seu neoclassicismo e, veja o senhor, esse neoclassicismo do jovem Lukács – que eu não segui – é chamado em seguida de "marxismo ortodoxo"; composto ele também somente de ordem, de linha reta, de adoração da beleza grega e das construções *kitsch* de Stálin, em Moscou etc. Existe aí uma passagem, há um contato entre os dois, pelo viés desse *páthos* da ordem, que se manifesta também na maneira com a qual ele utiliza Nicolai Hartmann, porque ele é tão clássico, tão bem ordenado.

---

2 Über den Dostojewiski Nachlass, *Moskauer Rundschau*, Moscou, 22 de março de 1931.

* Termo coloquial russo que designa um funcionário em tempo integral do Partido Comunista da União Soviética, ou dos governos, liderado por esse partido, ou seja, um agente do "aparato" governamental ou partidário que ocupa qualquer cargo de responsabilidade burocrática ou política. Frequentemente é considerado um termo pejorativo (N. da T.).

Essas diferenças entre nós são, em seguida, ampliadas em nosso discurso sobre o expressionismo no decorrer dos anos de 1930: o senhor conhece esse debate, não é?

Eu, eu acreditava em Lukács com convicção, incondicionalmente, em tudo o que se referia às artes plásticas, à estética das artes plásticas, e naturalmente à literatura; eu seguia sua admiração por Cézanne e pelo segundo período de Van Gogh; eu seguia porque era ele que dizia, ele que compreendia essas questões cem mil vezes melhor que eu, conforme minha opinião na época. No entanto, eu estava em Munique, em 1916, e descobri as obras do grupo Blaue Reiter (Cavalheiro Azul), os escritos e as pinturas do expressionismo, que me causaram enorme e profunda impressão. Ora, Lukács, ele mesmo, desprezava-os, e os designava como produtos dos "nervos dilacerados de um cigano". "Nervos dilacerados de um cigano"! Foi então que comecei a duvidar da justeza do julgamento de Lukács. Em seguida, como se sabe, ele reagirá do mesmo modo em relação a Joyce, Brecht, Kafka, Musil etc., que classificará como "arte decadente da burguesia tardia" e nada mais. Essa foi, portanto, a segunda divergência importante que surgiu entre nós.

O senhor fala modestamente de Lukács como seu mestre em arte, literatura etc. Ora, Paul Honigsheim, que era membro do círculo Max Weber de Heidelberg, fala ao contrário de vocês dois nos seguintes termos: "Bloch, o judeu apocalíptico catolicizante e seu adepto, Lukács". Talvez fosse esse Lukács que era seu discípulo antes de 1914?

Isso era recíproco. Eu era tão adepto de Lukács quanto ele era de mim. Não havia diferenças entre nós. Conheci Dostoiévski, Kierkegaard e Mestre Ekhart através dele, e Lukács aprendeu a conhecer melhor Hegel através de mim.

KAROLA BLOCH Atualmente estou ocupada em decifrar uma centena de cartas de Bloch a Lukács dos anos de 1910-1914, que foram descobertas em uma valise abandonada por Lukács em Heidelberg. Elas tratam de questões filosóficas e estéticas bem interessantes e Hegel é frequentemente mencionado ali. Penso que realmente podemos falar de uma espécie de "simbiose" entre Bloch e Lukács nessa época.

Dizem, às vezes, que a personagem Naphta, o jesuíta comunista criado por Thomas Mann, foi inspirada no senhor ou em Lukács. O que vocês pensam disso?

KAROLA BLOCH Quando *A Montanha Mágica* foi editada, geralmente as pessoas consideravam que Naphta era uma combinação de certos traços de Lukács e de Bloch.

BLOCH Acredito que ele parece mais com Lukács… O Partido Comunista era, para Lukács, a realização de uma antiga aspiração; em sua juventude ele quis entrar em um monastério: o partido era um substituto para esse desejo secreto. Ele era atraído pelo catolicismo não como sistema ou doutrina, mas pelo modo de vida, pela solidariedade, pela ausência de propriedade, pela existência monacal se opondo àquela da grande burguesia à qual ele pertencia através de sua família, pois seu pai era diretor de banco.

Qual foi seu próprio caminho ao marxismo?

Eu conheci o marxismo bem cedo. Nasci em uma cidade de operários às margens do Reno, Ludwigshaffen, onde o truste I. G. Farben tem sua sede central. A metade dos habitantes da cidade era de operários e tive, bem cedo, contato com os social-democratas. Eu tinha relações diretas com o proletariado, ao contrário de Lukács, que nasceu em um casarão de um bairro elegante da alta burguesia em Budapeste. Mas a intensificação de minha atitude anticapitalista, pró-marxista, veio, evidentemente, com a guerra; e, em seguida, com a Revolução Russa, que recebi com entusiasmo e júbilo.

Me parece que há um aspecto em que encontramos uma notável diferença entre o senhor e Lukács em 1918: enquanto Lukács era tolstoiano e obcecado pelo problema moral da violência, o senhor escreve em O Espírito da Utopia: *"é preciso se opor ao poder estabelecido pelos meios de poder (machtgemãs), como um imperativo categórico com um revólver em punho…"*

Jesus já dizia: "Eu não vim trazer a paz, mas a espada; eu vim para acender o fogo". Aliás, em 1914-1918 o fogo já queimava.

Há uma diferença muito importante entre oferecer a outra face, segundo o Sermão da Montanha, quando sou o único ofendido, e tolerar que se ofenda meu próximo. No segundo caso, posso e devo usar de violência; o Sermão da Montanha prega a tolerância quando sou eu mesmo o atingido, mas quando meu irmão é a vítima, não posso tolerar a injustiça, a perseguição, o assassinato. O Sermão da Montanha não é pacifista. E Thomas Münzer tampouco era pacifista; e era melhor cristão que Lukács...

A propósito de O Espírito da Utopia: *existe uma frase no último capítulo que eu gostaria de esclarecer; o senhor poderia dar alguns detalhes a esse respeito? O senhor escreve: "Talvez exista um caminho para alcançar o que Dostoiévski e Strindberg buscavam como 'psicologia', um caminho como o de Lukács – e aqui ele nos é de novo profundamente próximo e associado –, Lukács, o gênio absoluto da moral... que deseja estabelecer novamente as castas em um fundamento metafísico..."*[3]*. O que o senhor quer dizer com "estabelecer novamente as castas em um fundamento metafísico"?*

É uma concepção de Lukács. Não minha...

As castas às quais se refere são semelhantes àquelas da Índia. Trata-se de restabelecê-las em uma base moral: por exemplo, no sentido da cavalaria: são proibidas ao cavaleiro muitas coisas que são permitidas ao camponês. Por outro lado, é uma ideia católica: as dificuldades, a ascese elevando para o alto da hierarquia; as dificuldades, e não os prazeres, se acumulam. Eis o novo sentido de castas. No capitalismo é evidentemente o contrário: o camponês não é mesmo submisso às interdições, porque ele é objetivamente impedido de fazer o que deseja, enquanto ao senhor, ao patrão, *tudo* a ele é permitido, o luxo, o lucro da exploração, a mais-valia, tudo é colocado no seu bolso. Ao passo que na utopia social hindu e católica é o contrário, e Lukács queria seguir esta tradição. É também proibido ao monge mais do que é permitido ao laico; os monges são, portanto, uma espécie de aristocracia da cristandade. Essa era a perspectiva do jovem Lukács.

3 *Geist der Utopie* [1918], Frankfurt: Suhrkamp, 1961, p. 347. Estas passagens não aparecem na tradução francesa, *L'Esprit de l'utopie*, Paris: Gallimard, 1977, feita a partir da versão de 1923, substancialmente modificada por Ernst Bloch.

Sim, mas o senhor também escreveu alguma coisa sobre uma nova aristocracia, uma aristocracia espiritual. Em O Espírito da Utopia, *o senhor escreve: "A utopia em seu conjunto pode, portanto, apresentar a imagem de uma hierarquia que não é mais economicamente rentável, que na base conhece apenas camponeses e artesão, e que se distingue ao alto talvez pela honra e glória, por uma nobreza* (Adel) *sem servos da gleba e sem guerra, pelos novos homens cavaleirescos e pios de uma maneira diferente, e pela autoridade de uma aristocracia espiritual".*

É verdade: essas são as castas de uma outra maneira; então eu estava de acordo com Lukács.

Há virtudes que se distribuem entre os diferentes estados sociais; por exemplo, à burguesia corresponde a aplicação (*Fleiss*), a parcimônia etc; à nobreza pertence a honra, a fidelidade, o respeito pela palavra dada etc. Essas são as virtudes cavaleirescas.

A nova aristocracia da qual falo era, portanto, *não rentável* economicamente, isto é, não fundada na exploração, senão ao contrário, uma vez que possuí virtudes ascéticas e cavaleirescas. É disso que trata Lukács a propósito das novas castas, que não possuem nenhum sentido econômico, nenhuma significação exploradora.

Isso nos reconduz à questão da origem e da motivação da atitude revolucionária naqueles que não têm necessidade dela; nos decabristas, em Bakunin, em Lênin, em Marx; eles não tinham necessidade dela, ainda menos Engels, o rico fabricante de algodão de Manchester; ele apenas serrava o galho sobre o qual estava sentado, Friedrich Engels!

Trata-se então de um problema moral; trata-se das virtudes cavaleirescas, de uma herança moral e cultural que podemos encontrar em Marx e em Engels. "Isso não é *justo*": esse julgamento contra o capitalismo é fundado em uma escala de valores que é a de um "gentleman". Isso nos remete ao código dos cavaleiros, ao Código da Távola Redonda do rei Artur. Um cavaleiro que não é fiel à palavra empenhada é desonrado. Um capitalista que não é fiel à palavra dada faz bons negócios...

Entretanto, não tenho mais essa opinião.

Verdade? O senhor não pensa mais que existe um certo laço entre a escala de valores pré-capitalistas e a do socialismo?

No socialismo, cada um produz conforme suas capacidades e consome segundo suas necessidades. É um conceito limitado, um ideal social. Mas, na medida em que nos aproximamos dele, na medida em que a economia de exploração, a reificação (*Verdinglichung*) e a mercantilização (*zu ware werden*) de todos os homens e coisas desaparecem, não temos mais necessidade dessas virtudes, não temos mais necessidade da fidelidade ao engajamento solene etc. Esses valores deverão desabar como a máquina do Estado segundo Engels. Não é isso que está acontecendo na URSS, onde o Estado se reforça cada vez mais, essa não é a via do marxismo: há aí, então, alguma coisa que não está certo...

Na URSS, há muitas coisas que não estão certas! Mas eu gostaria de colocar ao senhor outra questão: de onde vem aos intelectuais essa atitude "cavaleiresca" anticapitalista; de pessoas como Marx, Engels, Bakunin etc.?

KAROLA BLOCH É uma problemática ética que já encontramos nas conversas entre Ivan e Aliocha Karamazov...

BLOCH Os proletários não têm necessidade de "moral" para se revoltar contra a opressão e a exploração. Os intelectuais, no entanto, podem ter apenas motivações éticas, pois a revolução se opõe aos seus interesses pessoais; eles serram os galhos nos quais estão sentados ao se tornarem revolucionários. Se Marx tivesse sido um bom burguês como os outros, ele não teria passado fome em Londres... Evidentemente, nesse caso, ele não teria escrito *O Capital*!

KAROLA BLOCH A primeira mulher de Bloch, Else von Stritzky, era bastante rica; sua família possuía, na Rússia, grandes minas de ouro. Com a revolução de 1917, evidentemente perderam tudo, mas isso não influenciou os sentimentos de Bloch em relação ao Outubro soviético...

BLOCH Eu tinha o hábito de dizer aos meus amigos que paguei trinta milhões de marcos pela Revolução Russa, mas que para mim ela valia esse preço! Tenho recebido alguma coisa em troca do meu dinheiro!

Qual papel representou na vida de Lukács a primeira mulher dele, Elena Grabenko? Ela era uma social-revolucionária russa, não era?

Sei que durante a revolução de 1905 ela levava um bebê em seus braços, uma pequena criança, que ela pegou de alguém, e sob a fralda da criança ela escondia bombas. Eis quem era Elena. Através dela, Lukács casou-se com Dostoiévski, por assim dizer; ele se casou com sua Rússia, sua Rússia dostoievskiana que na realidade não existia.

Muito interessante! O que o senhor quer dizer com isso?

Essa mulher era para ele uma Sonja, ou uma outra personagem de Dostoiévski, uma personificação da "alma russa".
    Esse é outro mistério, que, aliás, também pertence ao tema de vossas pesquisas sobre os intelectuais alemães: por que Dostoiévski e Tolstói tiveram tal influência na Europa ocidental?

Precisamente, essa é uma questão que me coloco já faz muito tempo...

O homem russo representou, naquela época, um papel prodigioso. O próprio Rainer Maria Rilke escreveu esta frase: "Os outros países confluem com as montanhas, os rios, os mares; a Rússia, no entanto, confina com Deus". E, segundo Spengler, por exemplo, em *A Decadência do Ocidente*, o futuro da humanidade é indicado por Tolstói e Dostoiévski, com os quais começa uma nova cultura, que agora está apenas em seu estágio merovíngio. Eu mesmo participei desse sentimento geral ao escrever em *O Espírito da Utopia* que a Revolução Russa foi o ato dos novos pretorianos "que pela primeira vez entronizaram o Cristo como Imperador". Tratava-se sempre dessa Rússia mítica. Com o Cristo como Imperador! E com os novos pretorianos que, ao contrário dos romanos, instauraram o poder do Cristo. Essa era, para nós, a cristandade russa, o universo espiritual de Tolstói e Dostoiévski. Por que toda a Europa ocidental só via esta Rússia imaginária? Tratava-se de um impulso não somente moral, mas religioso e ele provocava essa paixão pela "alma russa" – emprego voluntariamente o termo *kitsch*; não é isso –, por alguma coisa que se fazia brilhar diante dos olhos e que não existia na realidade.

Lukács teve uma tal admiração por esta Rússia de sonho, que conservava com amor os selos postais das cartas de São Petersburgo, os selos russos com a águia de duas cabeças e a coroa. Isso ia tão longe para ele, que ele incluía a águia de duas cabeças e a coroa na Rússia de Tolstói e Dostoiévski! Não com o cérebro, não teoricamente, mas com o sentimento. Essa é também a razão pela qual ele foi tão apaixonado pela Revolução Russa; se a revolução tivesse eclodido na França, não haveria o mesmo impacto sobre ele; teria sido um simples *affaire* cerebral. Enquanto na Rússia era um *affaire* passional.

Max Weber também foi atraído pela Rússia antes de 1914, não é?

Um pouco, também; era seu outro lado, mais fraco que o aspecto nacionalista alemão, mas, contudo, existente; era isso que o atraía em Lukács: a admiração comum por Tolstói e Dostoiévski.

Uma última questão, se o senhor me permitir: sobre qual tema o senhor trabalha atualmente?

Estou entretido em escrever meu último livro, que se ocupa da questão do sentido e da significação última da vida, do mundo, da humanidade. Questão que a religião coloca sem poder responder realmente. Questão que é, aliás, extraordinariamente formulada por esse antigo provérbio que encontrei uma vez numa velha casa de um camponês da Baviera: "Não sei de onde venho, não sei para onde vou; me admira que eu seja tão alegre…"

Fontes dos Ensaios

Os ensaios que compõem este volume fizeram parte, por vezes, de publicações anteriores. Eles foram, entretanto, amplamente revisados para esta edição.

1. Les Intellectuels juifs en Europe centrale. In: *Histoire comparée des intellectuels*, Paris: IHTP, 1997.
2. Romantisme et messianisme dans le pensée juive d'Europe centrale au début du XXᵉ siècle. *Revue Française d'Histoire des Idées Politiques*, n. 10, "Millénaires, Messianisme et Millénarisme", 1999.
3. Walter Benjamin et Franz Rosenzweig: Messianisme contre progrès.
4. Hannah Arendt et Walter Benjamin. In: *Modernité, Démocratie et Totalitarisme*. Sob a direção de Marina Cedronio, Paris: Klincksieck, 1996.
5. Intellectuels juifs allemands et autrichiens et la course vers l'abîme: Walter Benjamin et Manès Sperber. *Yod. Revue des Etudes Hébraïques et Juives Modernes et Contemporaines* (Inalco), n. 4-5, 1998.
6. 1910: Ernst Bloch and Georg Lukács meet in Heidelberg. In: GILMAN, Sander; ZIPES, Jack (eds.). *Yale Companion to Jewish Writing and Thought in German Culture*. New Haven: Yale University Press, 1997.
7. Victor Basch et Bernard Lazare: deux dreyfusards. In: BASCH, Françoise; CRIPS, Liliane; GRUSON, Pascale (eds.). *Victor Basch 1863-1944, un intellectuel cosmopolite*. Paris: Berg International, 2000.
8. Gustav Landauer, révolutionnaire romantique. *Tumultes*. Université de Paris 7: Kimé, n. 20. "Révolution. Entre tradition et horizon". Sob a direção de Anna Kupiec, abril 2003.

9. L'Utopie communautaire de Martin Buber. In: *Comment vivre ensemble?*. "Colloque des intellectuels juifs". Paris: Albin Michel, 2001.
10. L'Utopie Benjamin. In: RIOT-SARCEY, Michèle (ed.). *L'Utopie en questions*. Paris: Presses Universitaires de Vincennes, 2001. (Col. La Philosophie hors de soi)
11 Le Messianisme hétérodoxe dans l'oeuvre de Gershom Scholem. In: ATTIAS, Jean-Christophe; GISEL, Pierre; KAENNEL, Lucie (eds.). *Messianismes. Variations sur une figure juive*. Genève: Labor et Fides, 2000.
12. Le Principe Espérance d'Ernst Bloch. *La Responsabilité. Utopie et réalités*. "Colloque des intellectuels juifs". Paris: Albin Michel, 2003.

Apêndice. "Entretien avec Ernst Bloch". Anexo a *Pour une sociologie des intellectuels révolutionnaires. L'évolution politique de György Lukács 1909-1929*. Paris: PUF, 1976. (Col. Sociologie d'aujourd'hui)

Este livro foi impresso em São Paulo,
nas oficinas da Markpress Brasil, em agosto de 2012,
para a Editora Perspectiva.